江原啓之
Hiroyuki Ehara

天国への手紙

集英社

プロローグ

あなたは、自分の「いのち」について、そして「たましい」について、考えたことがありますか？

自分がどこから来て、どこへ行くのか。

今は確かにここにある「いのち」がなくなるとき、自分はどうなるのか。

「そんなことは考えても仕方がない」「考えるのが怖《こわ》い」「縁起《えんぎ》でもない」という人も多いでしょう。

でも、もしあなたの愛する人が亡くなったら？　あるいは、あなた自身が死に直面したら？　考えたくないかもしれません。けれどそのとき、「いのち」や「たましい」についてまったく考えていないと、苦しみや悲しみは募《つの》るばかりでしょう。

私はスピリチュアル・カウンセラーとして、長年にわたり、人々の悩みに耳を傾けてきました。愛する人を亡くして悲しみにくれている方や、ご自身の余命を宣告されて絶望の淵《ふち》に立っている方からのご相談も数多く受けました。

そんななかで痛感したのは、私たちが自分のいのちの成り立ち、たましいの行方について深く考え、理解することができれば、多くの人が苦しみから立ち直り、前を向いて生きていけるということ。それと同時に、亡くなった人への「供養《くよう》」という行為についても、習慣や儀礼ではなく、本当に心のこもった営みにすることができるということです。

「天国からの手紙」(フジテレビ系列)というテレビ番組があります。「愛する人の死」という悲しみのなか、周囲にスピリチュアルな事象が起きるようになった、という方々からのご相談を受けて、私が現地に赴《おもむ》き、亡き人からのメッセージを受け取って、それをお伝えするというものです。

番組をご覧くださった方には、すんなり理解していただけるでしょう。愛する人の死という衝撃的な事実に立ち向かわなくてはいけなくなった人々にとって、霊的真理、すなわち「肉体は滅《ほろ》びても、たましいは永遠である」という真理を理解することが、どれほどの救いになることか。それは番組に出てくださる相談者の表情に、はっきりあらわれていると思います。

私は、別に奇跡を起こしているわけでも何でもありません。ただ冷静に、亡くなった人が今どうしているのか、何を望んでいるのか、ということをご遺族にお伝えしているだけです。それが、故人のたましいの浄化《じょうか》を促《うなが》すと同時に、ご遺族のこれからの人生に光をともし、さらには番組を見てくださる方々に霊的真理をお伝えすることにつながるなら、とても意義ある仕事と考えています。

「科学的なことでなければ信じない」と言う人もまだいるでしょう。けれど「科学」では解明されないことが、この地球上にどれほどあるでしょう。実は「ほとんどのことが科学では解明されていない」と言う科学者もいるのです。

スピリチュアルな事象は、「非科学」ではなく、「未科学」なのです。

霊的真理を信じるかどうかは人それぞれ。押しつけるつもりなど毛頭《もうとう》ありません。

ただ、愛する人を失った苦しみ、やがて自分にも訪れるであろう死への恐れ、そういったものを少しでも癒《いや》し、すべての人が、単なる儀礼ではなく、本当に亡くなった人の幸せを願う、愛に満ちた供養ができるよう、サポートしたいと思っています。

この本はそのために書きました。人は死んだらどうなるのか。亡くなった人が喜ぶ本当の供養とはどういうものか。現在の葬送の儀礼や習慣は、霊的視点からみてどうなのか。

多くの人が、今まで口には出さなかったけれど、心の奥底では知りたかったこと、知っておくほうがいいことについて書いてあります。

そういった霊的真理を理解し、正しい供養を実践《じっせん》することは、すなわち、亡くなった人の存在を決して忘れることなく、私たちの限りない愛を天国へ届けるということ。

心をこめた「天国への手紙」を書くということです。

おかげさまで「天国からの手紙」は多くの方にご覧いただき、私の著書も計五十冊を数えるまでになりました。それはスピリチュアリズムの考え方や、霊的世界の存在を自然な形で認識する人が増えたということでしょう。だからこそ、今、この本を出す意味があると考えたのです。

巻末には、「供養」という名目で多額なお金をだまし取られるという被害をなくすために、『『間違った霊能力者』の見分け方」を掲載し、巻末特別付録として、死後さまよわないための「スピリチュアル・エンディング・ノート」（遺言ノート）もつけました。

人生という旅は、いつか必ず終わりを迎えます。

けれど、それは決して不幸なことではありません。死はすべての終わりではないのです。

たましいは、永遠です。

自分のいのちとたましいについて、そして死について考えることを恐れず、冷静に見つめてください。

霊的真理を理解し、心のこもった本当の供養をしてください。

それが、あなたの人生をより深く、より充実したものにすると確信しています。

この本が、愛する人を亡くした方、死を恐れるすべての方の心に寄り添い、励ます一助となりますように。

そして、いのちとたましいの真実が多くの人の心に浸透し、故人の平安を願う、愛に満ちた「供養」が多くの人々に広まりますように。

◉目次

2．それぞれのフィナーレ　36

3．「たましい」の行方　58

第二章　大切な人を見送るとき

エピローグ　231

【付録】　

【巻末特別付録】　

装丁　妹尾浩也（イオル）

天国への手紙

第一章　新たなる旅路

1.「いのち」と「死」の真実

★たましいは永遠

いのちとは何か。そして、死とは何か。

この命題については、今まで多くの宗教家や哲学者、文学者がさまざまな解釈をしてきました。私が本書でご説明するのは、霊的視点からみた死の定義です。

私たちは、肉体だけの存在ではありません。たましいをもつ存在です。肉体の上に、幽体《ゆう たい》と霊体《れいたい》というエネルギー体が重なり、この現世《げんせ》を生きているのです。

死とは、たましいが肉体から離れることです。

肉体が車、たましいが運転手だと考えるとわかりやすいでしょう。死とは、運転手が車を降りて、もといた世界に戻るということ。それだけのことなのです。

私たちの肉体は、現世を生きるためだけに通用する乗り物です。死んだあとは、ご遺体となって、荼毘《だび》に付されます。

けれど、私たちのたましいは、死んだあと消滅してしまうわけではありません。後述しますが、さまざまな過程を経て、たましいのふるさとであるグループ・ソウルに溶けこみ、そこでまた再生を決意して、現世へとくり返し生まれ出る存在なのです。

肉体は滅《ほろ》びます。しかし、たましいは永遠なのです。

死とは、たましいが肉体を離れること。まず最初に、このシンプルな定義を頭に入れてください。

それは、悲惨なことでも、残酷なことでも、不幸なことでもありません。

現世に生まれ落ちたたましいが、人生という旅を終えて、肉体という乗り物を降り、もといた世界に戻る、ということなのです。

肉体を脱ぎ捨てると、あらゆる苦痛から解放されます。長いマラソンを終えて、ゴールのテープを切ったようなものです。あとはゆっくり休めばいいだけ。安らぎのときが待っているだけなのです。

だからといって自殺を考えたりしてはいけません。死が安らぎなら、早く死ぬほうがいいなどと考えるのは間違いです。拙著《せっちょ》『いのちが危ない！』（集英社）に詳述《しょうじゅつ》しましたが、自殺したたましいは、長きにわたって後悔《こうかい》し、安らぐことはできません。どんなに苦しくても、現世を生き抜いて初めて、安らぎは訪れるのです。

人が肉体だけの存在ではなく、たましいをもつ霊的存在であること。

そして死後の世界が存在すること。

これらの霊的真理を「信じない」と言う人もいるでしょう。それは仕方がありません。「自分の目で見えたものしか信じない」と言う人、「見えないものの存在は信じたくない」と言う人はいます。そういう人は、たとえ見えたとしても、信じないでしょう。そして死んだあとに気づくのです。目に見えていたことだけがすべてではなかった、ということに。

そのとき、現世での生き方をあわてて反省することになりますが、それもまた、その人にとってひとつの学びといえるかもしれません。

★死はなぜ「怖い」のか

死について語ることは、日本の社会ではまだまだタブー視されています。けれど、死はとても身近なものです。テレビをつければ、毎日のように事件や事故のニュースで、誰かの死を見聞きします。それは、明日、自分や家族の身に起きることかもしれません。また、病気や老衰《ろうすい》などによって死を迎える家族を看取《みと》ることは、誰もがいつかは経験することです。

それなのに、死について考えることを敬遠するのはなぜでしょうか。

ひとつには、「死は怖《こわ》いもの」という思いこみがあるからです。

ある意味で、死を恐れるという感覚は大切なものです。死がまったく怖くないなら、今すぐにでも死にたくなってしまうでしょう。それでは、生まれてきた意味がありません。

私たちは、現世にさまざまな経験と感動を積み重ねることで、たましいを磨《みが》くために生まれてきたのです。それが私たちの使命です。その使命を果たさずに自ら死を選ぶことは、あってはならないことです。

ですから、死を恐れる、ということも大切なこと。

ただし、その「怖い」という感情が起きる理由が問題です。

正確にいえば、死は「怖いもの」ではなく、「取り返しのつかないもの」なのです。だから、怖いと思う。それは当然の感情の流れです。

私たちのたましいは永遠に再生をくり返しますが、今生《こんじょう》での人生はただ一回きり。一度死ねば、二度と同じ人生を歩むことはできません。

絶対にやり直しはきかないもの。リセットはできないもの。その認識があるからこそ、死への恐れが生まれる。

そういう意味での恐れは、人として当然もっておくべきものです。

今の子どもたちは、テレビゲームなどの影響で、死んでもまた生き返ることができると思っている子が多いと聞きます。それはとんでもない誤解であり、死は取り返しのつかないものであること、だからこそ命は大切なのだということを、周囲の大人がきちんと伝えていかなくてはいけません。

たましいの再生の仕組みは後述しますが、それは同じ現世に同じ肉体をもって生き返るということとは、まったく違うものなのです。

さて、人が死を恐れる理由の二つめは、「死後の世界を信じていないから」です。死後の世界がないと思っていると、確かに死ぬことは怖いでしょう。自分が無になってしまうことだと思えば、考えたくなくなるのも無理はありません。

霊的真理を学び、死後の世界の存在を理解できれば、この種類の恐怖はなくなります。そのために、ぜひこの本を活用してください。

ただし、たとえ霊的真理を理解し、死後の世界の存在を信じることはできたとしても、「見たこともない知らない世界へ行く」と思うと、まだ不安や恐れは消えないでしょう。転勤で見知らぬ土地に赴《おもむ》くときと同じ感覚です。

けれど、もともと私たちは「そこ」にいたのです。知らない世界ではありません。忘れているだけ。ですから、帰れば思い出します。

取り返しのつかないものとして、死を恐れる感情は自然なもの。けれど、それ以外の理由で死を恐れる必要はありません。

★死によって穢れるもの、穢れないもの

死を「穢《けが》れ」とする風習も、日本にはあります。それは死というより、ご遺体を「穢れたもの」と見る考え方ではないでしょうか。

実際、そのまま放置しておくと腐敗《ふはい》しますし、伝染病の問題なども昔はありましたから、ご遺体は遠ざけるほうがいい、という考え方になったとしても不思議ではありません。死を「穢れたもの」と位置づけておくと、誰もご遺体に近づかないでしょうから、そういう方便としても、「穢れ」という考え方が使われたのかもしれません。

けれど、死とご遺体は、分けて考えることが必要です。

死とは、たましいが肉体から抜け出すこと。肉体はご遺体となって、腐敗したり病原菌に汚染されたりするでしょう。しかし、人間の本質であるたましいそのものが死によって穢れることは決してありません。

また、「死について語ることで、死を呼び寄せることになるのではないか」と恐れる人もいます。言霊《ことたま》信仰の影響かと思われますが、言葉にすることで、実現してしまうかもし

れないと脅《おび》えるのでしょう。

後述しますが、寿命は宿命です。変えることはできません。そして言霊は、運命を呼び寄せることはありますが、宿命を変える力はありません。

人が、いつ、どうやって死ぬのか。

それは、生まれる前にプログラムされているのです（ただし、自殺の場合は除きます）。飛行機に乗る前に飛行機事故を心配する人はたくさんいますが、死ぬと定められているときは飛行機に乗っていなくても死ぬし、死なないと定められているときは、たとえ事故にあっても生き残ります。

死を口にしたり考えたりするだけで死ぬようなことは、絶対にありません。

人はそんなにかんたんには死にません。いいえ、かんたんには死ねないのです。

いつ死ぬかはすでに決まっていること。ですから、思いわずらったり恐れたりしなくてもいいのです。

そのときまで自分がどう生きたいか。

与えられた時間をどうやって有意義に使い、より感動の多い人生にするか。

それだけを考えていればいいのです。

死にまつわる風説《ふうせつ》は世間にたくさんあります。その多くが間違ったものだったり、ただの脅《おど》しであったりします。

そういう風説に振り回されず、「死」に対して、正しい見方をしてください。霊的真理を深く学んでください。そうすれば、いたずらに死を恐れる必要がないことが理解できると思います。

★寂しさの理由

死を恐れるのは、「そのとき愛する人と別れなくてはいけないから」。そう考える人もたくさんいるでしょう。

もちろん、愛する人との別れは寂しいものです。手のぬくもりが消え、やさしいまなざしが閉ざされる。そう考えただけでつらくなる気持ちは痛いほどわかります。

けれど、それは決して永遠の別れではありません。

愛する人に先立たれたとしても、霊的世界（スピリチュアル・ワールド＝たましいのふるさと＝死後の世界）に帰れば、必ず再会できるのです。

自分が先立つ立場になったとしても同じです。残していく人のことが気にかかるでしょうが、別れはひとときのこと。二度と会えなくなるわけではありません。

それでも、別れは別れ。寂しさはあるでしょう。

だからこそ、いつその日が来てもいいように、心をこめて愛する人と向き合い、今をひたすらに生きることが大切なのです。

愛する人との別れが寂しくて仕方がない、という人は、厳しいようですが、相手に依存して生きているからではないでしょうか。

人は基本的にはひとりで生きていかなくてはいけません。

私たちは、ひとりで人生を旅するために生まれてきたのです。それによって、たましいは学び、より豊かになるからです。誰かに任せきりでは、旅の醍醐《だいご》味《み》は半減します。自分の足で旅するからこそ、貴重な体験が得られるのです。

もちろん、愛する人とともに生きる人生はすばらしいものです。しかしそれはお互いが自立しているという前提があってのこと。相手がいないと生きていけない、という人は情熱的なように思えますが、見方を変えれば、ただ依存心が強いだけ、ということなのです。

ですから、独身で通した人のほうが、死後の浄化《じょうか》（詳細は七一ページ）は早いものです。もともと家族に供養《くよう》されることを期待していないので、自力で浄化していくからです。

家族に囲まれて生きていた人のほうが、未練が強くて浄化が遅れることがよくあります。依存心が執着《しゅうちゃく》となり、浄化の足を引っ張るのです。たとえば家族が少しお墓参りに来ないだけでもがっかりして、浄化できなくなったりします。期待している分、失望も大きくなるのでしょう。

もちろん、家族がいても、自立して生きてきた人はスムーズに浄化できます。多少お墓が傾いたりしても、そんなことは気にもせずに浄化していけるのです。

死について、その恐怖について、深く冷静に考えてみてください。

自分は何を恐れているのか。誰かに依存していないか。冷静に人生を見据えて、自分ひとりの足でしっかり立っているか。そういうことがあぶり出されてくるでしょう。

死という人生のフィナーレを見つめることで、あなたの今の生きざまがはっきりと見えてくるのです。

やがて来るそのときのために、今をどう生きなくてはいけないか。

そのことに思いを馳《は》せることも、できるようになるはずです。

★死を意識することで、生が充実する

死をいたずらに恐れ、タブー視すると、今をどう生きるべきか、ということにも考えが及びにくくなります。

人生は旅です。今、私たちは旅の途中にいます。終着点はどこでしょうか。それを知らないと、あてもなく、さまようように旅することになるでしょう。

人生という旅の終着点を見つめれば、どういう人生にしたいのか、ということがはっきりします。

冷静に、自分はだいたい何歳ぐらいまで生きるだろうと考え、それまでの時間を計算すれば、その時間で何ができるのかが見えてきます。何を優先し、何を捨てなければいけないか、どの程度の寄り道なら許されるのか、そういったことがすべてはっきりするでしょう。すると、生きている時間の充実度がまったく違ってきます。

死を考えることで、生が充実するのです。

死をむやみに恐れたり、「縁起《えんぎ》でもない」と思って考えずにいると、今という時間の大切さを認識しにくくなります。

「怖いから、考えないでおこう」という思考がいかに未熟かは、お金にたとえるとよくわかるでしょう。たとえば財布のなかに千円しかないのに、給料日まで一週間もある。でもそれを考えると怖いから、考えないようにしよう。そんなことをしても、問題は何も解決しません。「今の持ち金は千円」という事実をきちんと受けとめて初めて、ではそのお金で電車に乗って友人にお金を借りに行こうとか、一日の食費はいくらまでにしようとか、問題解決に向かう計画が立てられるのです。

実際、お金がないと生きていけないのに、お金について語ったり考えたりすることを下品なことであるかのようにいう風潮がありますが、それもおかしなことです。大切なことだからこそ、考えたり話し合ったりして、計画を立てなくてはいけないのではないでしょうか。

死についてもそれと同じことがいえます。自分の死について考え、それを意識して人生の計画を立てることは、とても有意義なこと。そうしないと、無計画に、行き当たりばったりの人生を過ごすことになりかねません。

巻末の特別付録としてつけた「スピリチュアル・エンディング・ノート」（遺言ノート）は、そのために活用していただきたいのです。

これは、死に直面した人だけに必要なことではありません。今の時点で、自分の過去の人生について、未来について、そして死について、どう考えているのか。文字にして書き残しておきましょう。

そうすると、今という時間の大切さがわかります。周囲にいる家族や友人、同僚や上司と、永遠にいっしょにいるわけではないことが実感できるようになり、心をこめてつきあおうという気持ちになるでしょう。

また、残りの人生で何ができるか、何をしたいかを考えれば、今一番やるべきことは何かがはっきりします。

死を見つめることで、人生という旅の時間の「有限性」がはっきり見えてくる。死について考えることの意義は、ここにあります。

恐れる必要は何もありません。あなたの旅のフィナーレを想像してください。

そのときを納得して迎えるために、今、必要なものは何ですか？

できること、したいこと、するべきことは何ですか？

★寿命〜定められた宿命のとき

死を意識すれば、自分の「寿命」について心配になるかもしれません。自分の持ち時間はあとどれぐらいあるのか、それが気になってくるでしょう。

人は生まれる前に、自分の人生の長さを決めてきます。いつ、どうやって死ぬのかも、すでに決まっているのです。

つまり寿命とは、もって生まれた「宿命」なのです。

「宿命」と「運命」は違います。宿命は、生まれる前に決まっていて、自分では変えられないもの。たとえば、生まれたときの性別、国籍、家族環境などを指します。

一方、運命は、自分の手で切り開けるもの。たとえば、どんな容姿に生まれるかは宿命ですが、その容姿をどう磨いていくかは運命です。誰でも努力しだいで、魅力的な容姿にすることはできるのです。

宿命と運命、この二つは分けて考えてください。

人の寿命は、運命ではなく、宿命です。

自分の力で変えることは、基本的にはできません。

ただし、例外はあります。たとえば、マザー・テレサのように、まったく自分を捨てて人のために尽くす生き方ができるようになった人は、定められた寿命よりも長く生きることができます。

でも、それは「生きている」というより、使命のために「生かされている」というほうが正確でしょう。自分のことを中心に考えるわがままな気持ち（小我《しょうが》）を完全に克服《こくふく》して、人のため、全世界のために尽くそうとする気持ち（大我《たいが》）だけの人間になれたときに生じることです。誰にでも起きることではありません。

反対に、寿命を縮めることは簡単です。

たとえば、自殺は宿命ではありません。自ら決めてきた寿命を自らの手で縮める行為であり、これは運命です。自分の力で変えられるものです。自殺するかしないかは、あらかじめ決まっていることではないのです。

病気になるほどの不摂生《ふせっせい》も、プチ自殺といえます。また、地球規模で考えれば、環境破壊も人類の寿命を縮める自殺行為といえるでしょう。そういう意味では、多くの人が寿命を精一杯に使わずに亡くなっているといえるかもしれません。

それでも、だいたいは決まっています。大きく変えられるものではありません。

自分の寿命はどれぐらいなのかと知りたくなるのは人情ですが、それを知る必要はありません。たとえ知ったとしても、いいことは何もないからです。あと何十年もあるとわかれば、のんびりかまえてしまうだろうし、明日までしか生きられないとわかれば、絶望してヤケを起こすでしょう。

人間のたましいは、生まれる前に今生での課題を決めてきます。

たましいは何度も再生をくり返しますが、今回は何を学ぶために現世に生まれ出るのか、自分で決めてくるのです。どの両親のもとに生まれるか、どんな容姿をもって生まれるか、そして「どれぐらいの長さを生きるか」も決めてきます。

ただ、そのすべてを生まれ出たときに忘れるのです。なぜなら、知っていると感動がなくなってしまうからです。あらかじめストーリーのわかっている小説を読んでも、感動は少ないでしょう。次々と思いもかけない事態が展開するからこそおもしろいし、感動できるのです。人生もそれと同じです。

寿命の長さを思いわずらわなくても、必ず旅の終わりは来ます。いつその日が来てもいいように、日々を充実させて生きること。それこそが大切なのです。

★「命の長さ」で幸せは決まらない

寿命は宿命であり、生まれる前から定められていると書きました。短命を選ぶたましいもあれば、長命を選ぶたましいもあります。それは、「今生で何を学びたいか」というメニューの違いなのです。

幼くして亡くなった子どもを見ると、多くの人が「かわいそうに」と涙します。百歳を超えた大往生《だいおうじょう》であれば、「長生きできてよかったね」と言います。それは一般的にみればごく自然な感情でしょう。

けれど、よく考えてみてください。命が短かったからといって、イコール不幸でしょうか。長かったからといって、イコール幸せでしょうか。

若くして亡くなったなら、多くの人生経験を積むことはできませんでしたが、周囲にたっぷり愛され、庇護《ひご》される喜びを味わえたでしょう。はつらつとした若い肉体のままで死ねるのは、ある意味では幸せです。「もっと生きたかった」と悔《く》やむ思いは出てきますが、そのせつなさを味わうこともまた学びなのです。

長く生きれば、それだけ多くの経験を積むことができますが、老いて体の自由や経済的なゆとりを失い、子や孫の心配をしながら生きることは、大きな試練ともいえるのではないでしょうか。その意味では、みんな平等なのです。

命の長短によって、幸せ不幸せが決まるわけではありません。

死後の世界の存在を明確に理解していれば、これは自然にわかることです。

「死後の世界なんてない」「この世だけがすべて」と思っていれば、確かに若くしてこの世を去った人は「かわいそう」かもしれません。けれど、たましいは今生一度きりで消滅してしまう存在ではないのです。

今回、短命を選んで生まれてきたのは、短い命だからこそ学べることがあるからです。長命を選んで生まれてきたのは、長い命だからこそ学べることがあるからです。

学びの内容は違うでしょう。でもそれは、たとえば三十分の芝居のテーマと、三時間の芝居のテーマは違う、というだけのこと。どちらにも感動と経験と学びがあります。ただその種類が違うだけです。

今回、短命を選んだたましいは、来世では長命を選ぶかもしれません。長く生きることによって得られる感動と学びを欲するからです。今回、長命だったたましいは、次は短いなかで得られる感動と学びを求めて、短命を選ぶかもしれません。

そうやって、人はあらゆるパターンの人生を生きるのではないでしょうか。

すべてのパターンを経験したたましいは、とても豊かになるはずです。あらゆる人の気持ちが理解できるからです。

現世を見てもそれがわかります。いろんな人の気持ちが理解できるやさしい人は、何度も再生をくり返してきているのです。かつて自分も同じように悩み苦しむ人生を生きた前世がいくつもある。だからこそ、多くの人を理解できるし、やさしくなれるのです。

もちろん、生まれるときは過去世《かこせ》のすべてを忘れてきているわけですが、たましいの記憶のなかに呼び起こされるものがあるのでしょう。

そういう人は、誰に教わらなくても、死後の世界の存在、たましいの存在を信じることができます。命の長短によって幸不幸が決まるわけではないことも、経験しているからこそ、すんなり理解できるのです。

いずれにしろ、人の命は長くても百年。それは永劫《えいごう》に続く時間の流れのなかで見れば、ほんの瞬く間にすぎません。

そのなかで長い短いといっても、ほとんど違いはないといえます。百年生きたとしても、おそらくあっという間です。

時間の長短は問題ではないのです。そのなかでどういう経験と感動をし、愛を学んだか。たましいを磨いたか。それによって人生の質は決まるのです。

2. それぞれのフィナーレ

★現世は舞台、私たちは役者

死は、たましいが肉体を脱ぎ捨てて、ふるさとに戻ることであり、安らぎです。自殺を除けば、どんな亡くなり方をしても、その事実に変わりはありません。みんなに平等に、安らぎは訪れます。

ビジュアル的には「安らぎ」に見えない場合もあるでしょう。大事故によって遺体が激しく損傷《そんしょう》した場合などは、遺族は大きなショックを受け、悲しみも深くなると思います。けれど事故死でも病死でもそのほかの場合でも、亡くなる本人には苦しみはありません。

ただ、最後の「思い」はさまざまです。「苦しい」とか「怖い」という思いを最後に抱いて死に臨んだ、というケースはあるでしょう。その思いは本人にしばらく残ります。けれど、落ち着いて自分の死を自覚したあとは、みんな楽になります。どの人においても同じなのです。

現世を舞台だと考えてみてください。私たちは、その舞台でそれぞれの人生という芝居を演じている役者です。精一杯、自分が選んだテーマを演じきろうと努力して、やがて終幕のときを迎えます。映画であれば、「カット！　お疲れさま」と監督の声がかかるでしょう。それが「死」なのです。

楽屋裏に戻って、自分の最後の芝居を振り返ってみたとき、たとえビジュアル的にはどんなに苦しそうでも、「ああ、今回はけっこう重いラストシーンだったな」というぐらいの感想です。いつまでも引きずることはありません。

最後まで意識があり、痛くて苦しい思いをしたとすれば、遺族や友人は「かわいそうに」と心から涙するでしょう。その気持ちはよくわかりますし、霊的真理を学んでいないなら当然の思いなのですが、実はそんな痛みも苦しみも、亡くなった本人はもう感じていないのです。「ちょっと大変なシーンになっちゃったな」くらいの感覚です。歯の治療をすれば、そのときは誰でも痛くて顔をしかめますが、数日たつと、もうそんな痛みは忘れているでしょう。それと同じようなものです。

こう書くと「不謹慎」と思われるかもしれませんが、事実そうなのです。ただの慰めを書いているわけでもありません。

くり返しますが、自殺を除いて、死はどんな亡くなり方でも同じ。平安であり、安らぎなのです。

けれど、人によって亡くなり方はさまざまです。どうしてそんなにバリエーションがあるのでしょうか。

★人生のラストシーンには必ず意味がある

人の死に方にも、意味があります。

その人が、そういう亡くなり方をする、ということもまた偶然ではなく、必然なのです。そういう亡くなり方をしたということで、本人と、周囲の家族や友人など、それぞれのたましいに、それぞれの学びがもたらされるからです。

人は、生まれ出るときに、自分の今生での課題を決めて生まれてきます。いいかえれば、それぞれのたましいが抱える何らかのカルマを解消するために、再びこの世に生を受けるのです。

カルマとは、因果応報《いんがおうほう》のこと。原因があるから結果が生じる、その原因のことだと考えてください。悪い種を蒔《ま》いたら、それは自分で刈らなくてはいけません。いい種を蒔いたなら、その種のもたらす実りもまた自分のものになるのです。いいことも悪いことも、自分のしたことはすべて自分に返ってくる。これがカルマの法則です。

たましいが何度も再生をくり返すのは、自分のもっているカルマを、次の人生のなかで解消するためです。

死に方もまた、そのカルマの解消に役立つように定められているのです。たとえば、医療ミスで亡くなった場合を考えてみましょう。その死が大きな問題として取り上げられると、医療システムや社会全体に警告を発することになります。

医療ミスで命を落とされた方のご遺族は、悔《くや》しさ、憤《いきどお》りでいっぱいでしょう。怒りをもって告発したとしても、長く険《けわ》しい道のりを覚悟しなくてはいけません。しかし、医療界の腐敗や社会全体と闘うなかで、正義を貫くことの困難を実感したり、協力者を得る喜びを味わったり、それは大きな学びがあるはずです。苦しみは大きくても、たましいはその分、ほかの人の何倍も輝きます。

誤解を恐れずにいえば、亡くなった方は、社会に警告を発すると同時に、遺族を鍛《きた》え、その生き方を強く輝かせるという役割を担《にな》って亡くなったといえるでしょう。

その功績によって、その人のもっていたカルマは解消されたのです。

飲酒運転による事故の被害者も同じです。命をもって、社会全体に警告を発し、反省を促《うなが》すという大きな役割を担った死といえるかもしれません。

たましいのふるさとに戻れば、喝采《かっさい》で迎えられているはずです。すばらしい社会貢献をするという役目を担って、それを成し遂げてきたのですから。

私たちのたましいのメニュー、いいかえれば「今生での課題」は人それぞれ違います。社会貢献をするたましいもあれば、映画やドラマになった「世界の中心で、愛をさけぶ」や「愛と死をみつめて」のように、恋人からの精一杯の愛を受けながら感動のなかで死ぬことによって、せつなさやつらさ、相手のためにもっと生きたいと切望する思いを学ぶたましいもあります。

それぞれの死には、それぞれの意味と価値があるのです。

人の死、とりわけ愛する人の死に直面したときは、誰もが嘆き悲しむ気持ちに翻弄《ほんろう》されるでしょう。それも自然な感情ですが、少し時間を経て落ち着いたら、ここに書いた視点でその死を見つめ直してみてください。

その人の亡くなり方には、どんな意味があったのか。

残された私たちに何を伝えようとしているのか。

それを読み解く作業もまた「供養」のひとつにほかならないのです。

★病が伝えるメッセージとは

ここで、それぞれの亡くなり方の意味を読み解くためのヒントを、いくつか挙げておきたいと思います。

多くの人が病気で亡くなりますが、なぜその病気だったのか、ということにも意味があります。人は偶然にその病気になるのではありません。病もまた必然なのです。

病気は三種類に分けられます。肉体を酷使《こくし》したことによる「肉体の病」。自分の不摂生などが自分に返ってくる「カルマの病」。そして、人生で克服するべきテーマとかかわる「たましいの病」です。

定められた寿命を迎えたとき、その契機となる病気は「たましいの病」です。

自分が今生の課題として選んできた事柄《ことがら》が、病気という形をとってあらわれると考えてください。

それぞれの病気は、それぞれの生き方の特徴を伝えている、ともいえるかもしれません。

たとえば、肝臓は怒りの臓器といわれます。いつもイライラと怒っているとき、肝臓に疾患《しっかん》があらわれやすくなるのです。実際には、お酒の飲みすぎから肝硬変《かんこうへん》になる場合などが多いですが、それも怒りをためこんで、そのストレスから暴飲し、肝臓を傷《いた》めている、ということが多いのではないでしょうか。

肝臓の病で亡くなる場合、怒りをコントロールする術《すべ》を知る、というのが、その人の今生でのテーマだった、という可能性があります。

また、心臓は「生きる」という営みの中心にある臓器です。生きることに対する不安が強かったり、焦《あせ》ったりしていると、心疾患にかかりやすくなります。焦らず、脅えず、ゆったりと生きる、ということがテーマなのでしょう。

ほかの臓器にもそれぞれの意味があります（詳細は、『スピリチュアル・セルフ・ヒーリング』（三笠書房）に記しています）。

もちろん、人の個性も生き方も複雑ですから、すべての人に単純にこの図式があてはまるわけではありません。ケースバイケースですから、一例として読み取ってください。けれど、それぞれの生き方を振り返れば、その病気が指し示すテーマが必ず見えてくるはずです。

★「認知症」はたましいの自己表現

とりわけメッセージがストレートに伝わる病気は、認知症《にんちしょう》です。

年老いて認知症になると、周囲からは、まるで人が変わったかのように見えます。今までしっかりしていた人が、子どものようにダダをこねたり、上品だった人が暴言を吐《は》くようになったり。食べ物に異様に執着する人もいれば、徘徊《はいかい》が始まる人もいるでしょう。

家族にとっては、その姿を目にするのは、大きなショックです。

けれど、実は認知症の症状は、その人が生きてきたなかで、「果たせなかった思い」があらわれていることが多いのです。

たとえば、しっかり者で評判だった人は、本当は子どものように甘えたかったのに、周囲の状況がそれを許さなかっただけだった、という場合があります。「しっかりしなければ」と自分に言い聞かせてがんばってきた人が、認知症になると、本来の性質や願望を正直に出せるようになって、周囲にわがままを言ったり甘えたりするのです。

上品だった人が乱暴になるのは、本当は腹に据えかねるようなことを、何度もグッと我慢してきたのでしょう。食事への執着が強くなるのは、戦中戦後の食糧難を生き抜いてきた人に多く見られます。お腹いっぱいにしておかないと、不安で仕方がないのです。徘徊をする人は、生きてきた場所の居心地《いごこち》が悪く、どこかへ逃げたかったのかもしれません。

そういう自分の真実を、最後に表現していくわけです。

これは、本人にとっては、幸せなことだといえます。長年、我慢してきた思いを、思い切り正直に表現することができるのですから。

また、死に対する恐怖心が強い人は、認知症になることによって恐怖を感じずにすみますから、その意味でも救いといえるのではないでしょうか。

家族にとっては、介護の大変さばかりがクローズアップされがちな認知症ですが、ほかのすべての困難と同様に、マイナスだけの現象ではない、という点を理解してください。

この病は、今まで知らなかった父母や祖父母の、隠されてきた思いや、ひたすら生きてきた人生の足跡を知る、大切な機会なのです。

そのせつない思いを読み取り、愛と理解をこめて病人のそばに寄り添うことが、何より必要とされているといえるでしょう。

★深い悲しみを大きな実りへ

病気になることによって、本人だけではなく、家族もまた影響を受け、人生が変わっていきます。

たとえば、いつもお母さんに頼っていた家族が、そのお母さんが認知症になることで、自立心をもって生きていく、ということを学ぶケースがあります。

介護にしても、自宅で看るのか、施設に預けるのか。施設ならどこを選び、家族はどういうサポートをしていくのか。人に頼らず、自分の力で決めていかねばならないことばかりです。いやでも自立心は培《つちか》われるでしょう。

病を通して、人の心の広さ、奥深さを知ることで、自らの人生もまたより深く、より豊かに変わっていくのです。

この世に偶然はありません。すべては必然です。

私たちは、そういう病気になる家族、そういう亡くなり方をする家族を選んで生まれてきたのです。

そこで何を学ぶか、人生にどう生かすかは、それぞれの課題です。

逃げずにその課題に取り組み、学んだことをたましいに刻んでいくことが大切なのです。

今、実際に家族の介護にあたっている人は、毎日が大変で、そんな考え方はできないかもしれません。けれど、大変なときだからこそ、病気がささやくメッセージに耳を傾けてください。大変さの質が変わってきます。ただ疲弊《ひへい》するだけの体験ではないことが、理解できるようになるのです。

病も、そして死も、それぞれの家族に影響を与えずにはいません。

人が亡くなった直後は、そのショックで心が波立っていたり、葬儀の準備などの実務で忙殺《ぼうさつ》されたりして、冷静に深い意味を読み解いていくことは難しいと思います。

けれど、ある程度の時がすぎて、心が落ち着いたら、一度じっくり考えてみてください。

その人の死によって、自分が学ぶべきことは何なのか、と。

それは、深い悲しみを大きな実りに変える、とても大切な考察なのです。

★「延命治療」〜愛と執着の違いとは

人は自分の寿命を自分で定めて生まれてきます。そして、命にかかわる病は、宿命的なたましいの病。今生での生き方のテーマを指し示すという意義をもつものです。

多くの人は病気＝悪と考え、一刻も早く治そうとしますが、その病気が自分に伝えようとするメッセージを読み解かないと、本当の治癒《ちゆ》にはなりません。

とりわけ命にかかわる病気にかかったと医師から告げられたとき、家族は「一分一秒でも長く生きてほしい」と願ってしまうでしょう。

けれど、霊的真理を知れば、命にかかわる病気だからこそ、そのメッセージに耳を傾けることが重要なのだということが理解できるはずです。

命の長さは定まっているのです。であれば、「少しでも長く」と執着するよりも、自然に来る「お迎え」と、その意味を、自然な流れのなかで深く受けとめること。それこそが大切です。

ですから、霊的視点からいうと、延命治療には意味はあまりありません。

今は医療技術が発達していますから、肉体を永らえさせる方法はたくさんあるでしょう。けれど、それはただ肉体が機能している、というだけで、たましいはもう肉体を離れたがっているのです。

人は肉体とたましいが重なって生きています。二つをつないでいるのは、肉眼では見えないシルバーコードと呼ばれる霊的物質です。霊視《れいし》すると薄い半透明のコードのようなものに視《み》えます。死ぬときは、このシルバーコードが切れて、肉体からたましいが離れるのです。西欧の伝説に出てくる死神が大きなカマを手にもっているのは、そのカマでシルバーコードを断ち切るためだといわれています。

延命治療をしているときは、シルバーコードはつながったまま、たましいがふわりと浮かんでいる状態です。ふるさとに戻ろうとしているたましいに、足かせをつけて引っ張っているようなものなのです。

延命治療をして、何日か命が永らえたとしても、寿命が延びているわけではありません。厳しいようですが、回復する見込みはほとんどないのです。現世側から見ても、霊的世界の側から見ても、将来的な発展性は少ないのではないでしょうか。

延命治療をする理由は、ただひとつ。残される側の執着です。

本人が望んで延命治療をしているケースは、ほとんどないでしょう。残される側が、なんとか助かってほしい、死んでほしくない、そう思ってしまうから、もう無理だとわかっていても、できる限りの手を尽くすよう病院側に頼んでしまうのです。民間治療にすがって、何も食べられない病人に大量のサプリメントを飲ませたりする場合もあります。

医療側も、末期だとわかっていると、もう家族を止めません。それが患者の負担にしかならないとわかっていても、気のすむようにさせてしまうのです。また、「少しでも長く生き延びさせることが医者の腕」と考えている人も少なくないかもしれません。

けれど、くり返しますが、死は決して不幸なことではありません。定められた寿命が来たというだけのこと。亡くなる本人にとっては安らぎなのです。

残された人は、その人と自分とのかかわりを嚙《か》みしめ、その死が伝えようとするメッセージに耳を傾けながら、命の終わりを、旅立ちのときを、ただ静かに見つめてください。

むやみに執着することは、相手を本当に愛していることにはなりません。

その人がいなくなる喪失感《そうしつかん》と寂しさに、自分が耐えられない、というだけなのです。それは相手への愛ではなく、自分への愛です。

相手を愛しているつもりが、結果的に苦しめるだけになる。それは残される側が望んでいることでもないはずです。

あきらめる、ということ。

それは一見、冷たいように見えますが、実は相手のことを本当に思いやる愛です。その冷静さと強さが、残される側の人々に求められているのです。

★「安楽死」～学びと可能性の放棄

では、安楽死については、どう考えればいいでしょうか。

定められた寿命が見えたからといって、まだ時間が残されているのに、意図的に命を絶つことは、自殺と同じ。自然に絶命するまでは、自分自身の大切なもち時間なのです。たとえわずかであっても、その時間のなかで、今までの人生に匹敵《ひってき》するぐらいの大きな学びをする人もいます。

たとえば、周囲の人の愛に気づくこと。今までの生き方の過《あやま》ちを悟《さと》り、やり直すこと。そう、やり直すことさえできます。最後だからこそ、できるのです。今まで見えなかったことも、見えてくるのです。

残された時間は、可能性に満ちています。

安楽死は、終点が見えたからといって、最後の景色を眺《なが》めずに、途中でバスを降りてしまうようなもの。可能性に満ちた貴重な時間を、自ら放棄《ほうき》する行為なのです。

本人が医師に安楽死を依頼すること、家族が医師に安楽死を依頼すること、医師が患者を見かねて安楽死させること、どれも別の選択があるはずの行為です。

ただし、苦しむのも学びだといっているわけではありません。病気による苦痛が激しいなら、景色を眺めるゆとりも何もないでしょう。

安楽死を求めてしまうのは、苦痛があまりにも大きいためです。痛みの緩和《かんわ》医療はぜひ受けていただきたいし、みんなが受けられるような医療体制を社会全体で整えていく必要があると思います。

苦痛を取り除く処置は受ける。それ以外の延命措置《そち》は受けない。そうやって迎える死を、尊厳死《そんげんし》といいます。安楽死とはまったく違うので、注意が必要です。

霊的視点からみれば、安楽死は否定しますが、尊厳死は認められるといえるでしょう。

前項で書いたように、助からないとわかってからの延命治療は、家族の執着でしかないと考えるからです。尊厳死は、自然な死です。

緩和医療の充実は急務ですが、それと同時に、人のたましいと肉体をもっとも苦しめるのは孤独である、ということも覚えておいてください。

たったひとりで痛みに耐えるのは困難ですが、そばに寄り添って手を握ってくれる人、いっしょに痛みを感じて分かち合ってくれる人がいれば、その痛みは半減します。

医療技術だけではなく、愛もまた、痛みを緩和するのです。

人為的に命を延ばすのも縮めるのも、いいことではありません。

苦しみを和らげる努力をしながら、愛する人とともに、自然に命が終わるのを待つということ。

その静かな時間が、何よりも大きな実りをもたらすのです。

★「臓器移植」〜動機がすべてを決定する

脳死についても、議論が分かれますが、霊的視点からいえば、死とは認められません。死は、心停止になって訪れるもので、脳死の段階ではまだシルバーコードはつながっています。

脳死という判定が生まれたのは、臓器移植ができるようになったからです。脳死になれば、あとは時間の問題で、心停止します。そのわずかな時間を使って、臓器を有効活用できないかという考え方からつくり出された死の基準なのです。

臓器移植については、その動機によって、是非《ぜひ》が分かれます。

霊的視点からは、死は恐れるべきものではありません。みんながやがてはそのときを迎えるのです。たとえ技術があるとしても、臓器を移植してまで死を遠ざける必要があるとはいえないのではないでしょうか。

それよりも、定められた寿命を受け入れて、死にいく在り方からどんな心を学ぶか、ということのほうが大切です。

病気や死がもたらす豊穣《ほうじょう》な意味を読み取ろうとせずに、ただ悪くなった臓器をモノとして切り捨て、新しい臓器を移植して治そうとするのであれば、それは物質主義的価値観による行為といえます。

物質主義的価値観とは、命は長ければ長いほどいい、臓器は悪くなれば交換すればいい、という単純な考え方です。目に見える物質的な事柄だけを重視するこの考え方から生ずる行為が、人を幸せに導くことはありません。

けれど、たとえば幼い子どもが心臓を移植すれば、この先、健康な人生を歩むことができる、というような場合、臓器移植をしてあげたいと願う家族や周囲の心は、物質主義的価値観に染まってはいません。それは、子どもの未来の幸せを願う純粋で強い愛情です。お金や倫理、国情など、さまざまな困難を覚悟しながら、それでもなんとかして助けたいという動機であれば、臓器移植は愛の行為になるのです。

つまり、同じ臓器移植でも、動機によって、まるで違うものになるといえます。

臓器移植の結果がどうであったか、ということについても、一概に幸せ不幸せは決められません。

成功して生きることができたとしても、その後も、肉体の苦痛や再発の不安に脅える毎日が続くこともあるでしょう。逆に失敗したとしても、なんとかして助けたいと奔走《ほんそう》してくれた家族や周囲の人の愛を実感しながら、たましいのふるさとへ戻って安らげるのですから、とても幸せともいえるのです。

人が生きるということは、単純なことではありません。

健康だから幸せ、長生きできたから幸せとは限らないのです。

逆の言い方をすれば、病気だから不幸、死んだから不幸というものでもありません。

一見、不幸に見える事柄のなかに、真の幸福の種は潜《ひそ》んでいます。それを見つけられるかどうかの違いなのです。

人の命や肉体に対して、どこまで人為的なコントロールが許されるのかは、今後、ますます議論がなされるべき問題です。けれど、現時点で歯止めを失えば、ますます人の臓器をモノとして扱う風潮が広まり、やがては臓器売買やクローン技術による臓器製造などにも発展しかねないでしょう。それは霊的視点からみて、決していいこととはいえません。

人の命に対する敬虔《けいけん》な思い、人智《じんち》を超えた大きな力に対する畏《おそ》れは、私たちが決して失ってはいけないものだからです。

★「大往生」「自殺」「過労死」「戦死」

病気や事故ではない亡くなり方についても、かんたんに触れておきます。

人がよく理想として挙げるのは、「大往生」と呼ばれる亡くなり方です。ある程度、年齢を重ねた人が、ある朝、眠るようにして……という形を、「羨《うらや》ましい」と思う方も多いかもしれません。苦痛もないし、最後まで周囲の人々に迷惑をかけずに亡くなったということで、ある種の穏《おだ》やかさ、美しさを感じることもあるでしょう。

大往生は、確かに「こういう穏やかな死に方もある」ということを周囲に伝える意味はあります。けれど、本人の側からすると、「眠るように」亡くなることで、自分が死んだという自覚をもちにくいという側面もあるのです。

事故などによる即死のケースも、一瞬のことなので苦痛はないかわり、あまりにも突然であったために、自覚がもてず、浄化が遅れることがあります。それと同じことです。

どのように亡くなるとしても、それぞれ一長一短があります。

けれど、どのように亡くなっても、本人にとって「安らぎ」であることに変わりはありません。何も恐れる必要はないのです。

ただし、「自殺」だけは違います。自分で自分の命を絶ったたましいは、その過ちに気づいて後悔します。そしてまた今生と同じ課題に挑戦するために再生し、ゼロからやり直さなくてはいけないのです。

そのリベンジは長く苦しい道のりです。今生で、それまでがんばってきた努力がすべて水の泡になってしまうわけですから、大変な思いが増えるばかりなのです。

けれど、それもまたたましいが経験すべき「レパートリーのひとつ」といえるかもしれません。

日本の社会には、自殺を忌《い》まわしい、呪《のろ》われた出来事のようにとらえる風潮がありますが、それは違います。大きな失敗であることは確かですが、失敗をしない人など、どこにもいません。全力でそのリベンジに挑戦する経験をすることは、たましいにとって大きな向上となるはずです。

過去世において一度、自殺を経験し、今生がそのリベンジだというたましいもあるでしょう。そういう人は、今生では「何があっても死んではいけない」という気持ちが人一倍強いはずです。自分が過去に自殺して後悔した経験があるから、確信をもってそう断言できるのです。そして、困難にくじけず、ひたすらに生を充実させようとするでしょう。その経験こそが大切なのです。

自殺は、うつ病によるものが多いといわれますが、うつ病もまた自分の生き方のあらわれであることに違いはありません。

他人のせいでも社会のせいでもなく、自分自身の「思いぐせ」が病気となってあらわれているといえるかもしれません。たとえば根をつめて考えすぎたりする。あるいは人に対してノーが言えない。いい人になろうとしすぎる。そういった傾向を改めるよう、たましいが警告を発しているといえるでしょう。

そのメッセージに気づかずに、たとえば働きすぎからくるストレスでうつ病になり、自ら命を絶ったという場合は、一種の「過労死」といえるかもしれません。

自殺でなくても、過激な働き方をして体調を崩したことが、死のきっかけになる場合もそうです。

過労死する人を出してしまうような会社や社会の在り方は、もちろん変えていかなくてはいけませんが、それと同時に、個人の意識の持ち方も変える必要があります。

同じ会社に勤めていても、みんなが同様に体を壊すわけではありません。やはり、つい人と比べたり、何かと人からの評価を求めてがんばりすぎてしまう傾向の強い人が、過労死にいたりやすいでしょう。

本人がそういう生き方を変えると決意しなくては、根本的な解決にはなりません。たとえ会社を辞めることになったり、経済的に苦しくなったとしても、何よりも命が大切、生き抜くことこそが大切、という考え方にスイッチする必要があるのです。

今生でそれができなかったたましいは、来世でリベンジすることになるでしょう。そうやって、さまざまな生き方を学んで、より豊かで柔軟な、輝くたましいへと成長していくのです。

「企業戦士」という言葉があるように、過労死は、「戦争のない時代の戦死」という側面がありますが、実際の戦争で命を失った戦死者については、どう考えればいいでしょうか。

戦死は、その時代の「国のカルマ」を引き受けて亡くなる、ということです。

戦争は国と国が起こすもの。国の指導者と、その指導者を選んだ国民がつくったカルマを解消するための死であり、戦うことの悲惨さ、無意味さを訴える死といえます。

第二次世界大戦では、おびただしい数の死者が出ましたが、そういう使命を選んだたましいが、その時期を目指してたくさん現世に生まれていたのでしょう。

現在も内戦が続く紛争地帯はたくさんあります。

そこで亡くなる人も、その国のカルマを引き受けるという課題を選んで生まれてきたのです。

銃撃戦や飢餓による死は、とても悲惨に思えますが、だからこそ、平和の大切さ、命のかけがえのなさがひしひしと伝わってくるでしょう。紛争地帯で命を落とす人々は、そういう貴重な役割を果たすべく現世に生まれ出た、勇敢なたましいの持ち主であるともいえるのです。

ここで取り上げた大往生も自殺も過労死も戦死も、特別な亡くなり方ではありません。あなたも過去世において、それを体験しているかもしれないのです。

すべてのたましいは、さまざまな生と死を体験し、感動と経験をくり返します。

私たちはみんな、そういう「成長の旅」の途中にいるのです。

3.「たましい」の行方

★臨終〜舞台の幕が降りるとき

死は、自殺以外の場合は、安らぎであること、不幸なことではないことを、それぞれの死に方には意味があることを書いてきました。ここでは、臨終という最期《さいご》のときを経たたましいが、その後どういう道すじをたどって浄化していくのかをご説明します。

臨終のとき、すなわち死に臨む最期のときに、意識がはっきりしていて「さようなら」が言えるケースはほとんどないでしょう。亡くなり方にもよりますが、少し昏睡《こんすい》状態になってから、ということが多いと思います。

前述しましたが、人間の肉体には、幽体と霊体というスピリチュアルなエネルギー体が重なっています。幽体は精神であり、霊体は私たちの本質である魂です。

臨終の昏睡状態のときは、肉体から幽体と霊体が少しずつ離れつつある状態です。たましいが、ふるさとである「あの世」へと帰り始めているのです。

ですから、意識が半ばもうろうとしながらも、「さっき、死んだお母さんが会いに来たよ」などとつぶやくようになるのです。

臨終のときには、ふるさとからのお迎えが必ず来ます。すでにあちらの世界に帰っていった愛する人、よく知っている人が迎えに来てくれるのです。

私たちが現世を生きている間、見守ってくれたガーディアン・スピリット（守護霊）は姿をあらわしません。その姿に私たちはなじみがないので、わからないからです。あちらの世界へ順応しやすくするには、誰が行けばもっとも効果的かと考えて、私たちのよく知っている懐《なつ》かしい人が迎えに来てくれるようになっています。

昏睡状態になることも、知っている人が迎えに来てくれることも、すべて旅立ちをスムーズにするためです。死というひとつの関門をラクに通過させる方法について、あちらの世界では、実によく考えてくれているのです。

たとえば、死への恐怖が強い人に対しては、事故で即死にして恐怖を感じずにすむようにする場合もあります。痛みへの恐れが強い人には、末期の激しい痛みを感じる前に、昏睡状態にさせてくれることもあります。その人に合わせた処方箋《しょほうせん》が考えられているのです。

それでも、とても苦しんで亡くなる人を目にすることもあるでしょう。それは本当に苦しんでいるというより、なかなか肉体から幽体と霊体が抜けないので、もがいているだけのことも多いのです。洋服がなかなか脱げないとき、身もだえするように見えるのと同じです。

ホスピスの先生からうかがった話では、現在では、麻酔やモルヒネなどによる緩和技術を上手に使えば、ほとんど痛みを感じずに最期を迎えることができるそうです。

もし本当に痛みに苦しみながら亡くなったとすれば、その技術がうまく使われていなかったということでしょう。優れた技術をもつ医療関係者やホスピスなどの施設が増えることが、今とても求められていると思います。

ただ、患者側にも問題がないわけではありません。

同じように緩和医療をしても、痛みがまったくとれない人と、「穏やかになりました」と笑顔になる人がいるそうです。それは、「感謝の心」をもっているかどうかの違いです。人や物事に対して、いつも不平不満を言っている人は、どんなに手を尽くしても、苦しみから逃れられず、痛みが続くのだそうです。

けれど基本的には、人はみな自然に昏睡状態になり、しだいに穏《おだ》やかな顔になって、そのときを迎えることができます。

生きている間、さまざまな色を帯びていたオーラは、しだいにその輝きを失い、肉体から幽体へと移動していきます。

そうなる少し前、昏睡状態からふと意識が覚めることがあります。認知症を患《わずら》っていた場合でも、ほんのわずかな間だけ意識が明晰《めいせき》になるのです。ろうそくの炎が消える前に、最後にぼっと燃え上がるのと同じこと。それが、お別れを言うときです。

私の母が亡くなるときも、昏睡状態になる直前に、私を呼んでいろいろと話してくれました。病名を告げてはいませんでしたが、ガンだとわかっていたのでしょう。自分はもうすぐ死ぬということ、何があっても周囲の人を大切にし、強く生きていかなくてはいけないということを、十五歳の私に静かに語ってくれたのです。それが母からの別れの言葉でした。

祖母のときは、昏睡状態になってからしかお見舞いに行くことができませんでした。しかし、私が来たとわかったのでしょう。祖母は、言葉にならない言葉をつぶやき、何度もうなずきました。それが別れだったのだと思います。

そんなふうに、誰にでも必ず最後に意識がはっきりする瞬間があるのです。たとえ言葉にならなくても、本人の最後の意思があらわれる貴重な時間です。

看取る人は、その貴重な時間を静かに見守り、亡くなる人が何を言おうとしているのか、耳を澄《す》ませてください。

死を受け入れられずに、「がんばれ」と言い続けていると、その大切な時間を見失ってしまいます。

芝居のラストシーンは、客席は息を詰めて見守るものです。最後に役者がつぶやくセリフがどんなに小さな声でも聞き漏《も》らすまいと、水を打ったように静まり返るでしょう。だからこそ、そのつぶやきが大きな感動となるのです。今まで生き抜いてきた人生が、心にしみてくるのです。

臨終は、本人にとっても周囲にとっても、かけがえのないとき。澄んだ心で、たましいの永遠の旅に思いを馳せながら、静かに迎えるべきときなのです。

★スピリチュアル・ワールドの階層図

ラストシーンを終えて、幕が下りたら、役者は舞台袖《そで》へ下がります。けれど、すぐに自分の家へ帰ってしまう、ということはないでしょう。

たましいも同じです。すぐにふるさとに帰るわけではありません。いくつかの階層を経たあと、ふるさとへ戻ることになるのです。

ここで、スピリチュアル・ワールドの階層について、かんたんに説明しておきましょう。

私たちが生きている現世は、「現界《げんかい》」です。人が亡くなると、先ほど述べたように、たましいは「幽現界《ゆうげんかい》」へ行きます。ここは、現界と重なり合うように存在するスピリチュアルな世界です。

たましいは幽現界にしばらくとどまり、自分の死を受け入れて、現世への執着を断ちます。これができないと、未浄化霊《みじょうかれい》としていつまでもここにいることになります。

自分の死を受け入れて、執着を断ったたましいが次に行くのは「幽界《ゆうかい》」です。

ここはとても広く、さまざまな階層（ステージ）に分かれています。この世にとてもよく似た下層部から、天国のように美しい上層部（サマーランド）までを含みます。

幽界のどの階層に行くかは、生きている間のたましいのレベルによって違います。

たとえば、人を妬《ねた》んで悪口を言ったり、足を引っ張ったりするのが日常茶飯《にちじょうさはん》だった人は、同じような人ばかりが集まる下層部に行きます。

そこには、仏教で「地獄にある」といわれているような針山や血の池などはありません。けれど、低いレベルのたましいばかりが集まっているので、まさしく「地獄」といえるでしょう。その周辺はどんよりと曇っています。

反対に、人のために尽くし、霊格《れいかく》の向上に努めてきた人は、明るく美しい上層部に行きます。いわゆる「サマーランド」と呼ばれる、とてもさわやかなところです。

そこを抜けると、「霊界《れいかい》」に行きます。ここが、私たちのガーディアン・スピリット（守護霊）などの高級霊がいる世界であり、たましいのふるさとなのです。

その上には、神の領域である「神界《しんかい》」が広がります。

私たちは、なかなか神界へは行けません。そこまで霊格を向上させられる人はほとんどいないのです。多くのたましいは、霊界で自分を見つめ直し、再びたましいの修行を求めて現世へと再生をくり返します。

「現界↓幽現界↓幽界↓霊界↓神界」と高まっていくスピリチュアル・ワールドの階層を、頭に入れておいてください。

次に、それぞれの階層について、詳しく説明します。

★幽現界〜現世に最後の別れを告げるところ

ラストシーンを終えて舞台袖に戻った役者は、しばらく客席の反応を見つめます。芝居が終わったことを確認するのです。

それと同様に、亡くなった人は「幽現界」にしばらくとどまり、現世に別れを告げます。自分のお通夜《つや》やお葬式を見たりして、死へのイニシエーション（通過儀礼）を行うのです。そこではっきりと自分の死を自覚し、縁《えん》のあったいろいろな人に「お別れ」を告げに行きます。

自分と絆《きずな》のある人が亡くなったとき、フッと「虫の知らせ」が来ることがあるでしょう。

なんとなくその人のことを思い出したり、ラップ音（物理現象としての音ではなく、スピリチュアルな現象による音）が鳴ることもあります。それは、亡くなった人からのお別れのメッセージなのです。

私の場合、若いころ警備員のバイトをしていたときに、「おい、おい」と呼びかける声がして、「あれ？　叔父さんの声だ」と思った瞬間、ドーンという、天井に何かが落ちてきたような音が聴こえたことがあります。急いで外を確認したけれど、何もありません。その夜、姉からの電話で叔父が亡くなったことを知らされました。

高校時代の友人が、バイクの事故で亡くなったときにも同じようなことがありました。知らせを受ける二、三日前のこと、戸棚を整理していると、バサッと袋が落ちて、中に入っていた写真がサーッと出てきたのです。そこに写っていたのが彼でした。「そういえば、最近、彼と会っていないな」と思ったのです。

どちらの場合も、そういう形でお別れに来てくれたのでしょう。

お別れに来てくれたことをキャッチしやすい人と、そうでない人はいます。

霊的に敏感な人や、心に余裕のある人はキャッチしやすいでしょう。また、うつらうつらとまどろんでいるときも、キャッチしやすい状態にあるといえます。そういうとき、人は霊能力者と同じぐらい霊感が高まっていますから、相互の波長がもっとも合いやすいのです。

仏教では「四十九日」という区切りをつけますが、だいたいそれぐらいの期間、たましいは幽現界にとどまります。

とどまる期間は人それぞれです。とどまらずにさっさと幽界に行く人は、ほとんどいません。必ず何か気になることがあるからです。たとえば、会社の机の整理から、相続財産の行方、飼っている猫のエサの時間、口座引き落としの日の銀行残高など、些細《ささい》なことにいたるまで心配ごとや執着はたくさんあるのです。

自分がもう死んだということを自覚して、現世への執着や未練が断ち切れないと、次なる「幽界」へは行けません。すると、幽現界にとどまったまま、未浄化霊となって「さまよう」ことになります。

ですから、故人の気持ちは尊重するべきなのです。たとえば、「この指輪はあの人にだけは渡したくない」と故人が思っているのに、ご遺族がまさにその人に形見分けなどしたりすると、未練が残って浄化しにくくなってしまいます。

この本の巻末特別付録として「スピリチュアル・エンディング・ノート」をつけたのは、そういうことがないように、自分の希望を書いておくべきだと思うからです。

たとえば、お葬式では誰に葬儀委員長をしてもらいたいかとか、大切な着物があるなら誰に譲りたいかなど、細かい希望を記しておけば、残された人も助かります。通帳や貴重品がどこにしまってあるか、ということも書いておくといいでしょう。ただし、盗難の被害にあわないように、ノートの管理には注意が必要です。

スムーズに浄化するためには、とても大切なことですから、「縁起でもない」と思わずに、きちんと書きましょう。

これは死に直面している人、年を重ねた人にだけ必要なことではありません。死を意識することで生が充実するのは前述したとおり。何歳であっても、自分の希望を書き記しておくことで心がスッキリし、人生に前向きに取り組めるようになるはずです。

それと同時に、「あとのことはいっさい気にしない」と考える訓練を、今からしておくことも大切です。「死んだあとのことは、生きている人に任せてしまおう」と腹をくくれる人は、浄化が早いのです。

人が亡くなることを「目を閉じる」ともいいますが、それは肉体の目だけでなく、さまざまなことにこだわる心の目も、閉じるべきときが来た、ということなのです。

自分の死を受け入れて、執着や未練を絶ったたましいは、幽現界にあまり長くとどまらず、次のステージである幽界へと進むことができるのです。

★幽界〜心象風景がそのままあらわれるところ

「幽現界」を抜け出たたましいの多くは、まず「幽界」の下層部あたりに行きます。

前述しましたが、幽界はさまざまな階層（ステージ）に分かれています。最下層部には地獄のように暗くてどんよりとした世界があり、上層部はサマーランドと呼ばれる天国のように明るくのどかな世界が広がっているのです。

地獄といっても、閻魔《えんま》大王がいるわけではありません。底意地が悪く、ケチで、自己顕《けん》示欲《じよく》の強い人たちばかりが集まっているのです。俗世中《ぞくせ》の俗世といえるでしょう。ある意味で現世よりも俗世です。現世にも「闇《やみ》の世界」は存在しますが、表面化はしていません。現世の闇の部分がすべて表面化しているのが、幽界の下層部だと考えてください。

反対に、サマーランドは、人が理想として思い描く天国に近いといえるでしょう。心の美しい人たちばかりがのんびりと集《つど》う、光に満ち溢《あふ》れた世界です。

二つの中間にも、さまざまなステージがあります。そのなかのどのステージに行くかは、生きていたときのその人の心の在り方によって決まります。生きていたときの心の状態とまったく同じところに平行移動するのです。

駆け引きや足の引っ張り合いにあけくれていた人は、幽界に行っても同じことをします。生きているときに仕事漬けだった人は、幽界でもまだ会社に行って仕事をしたりします。

幽界のすべては、自分の心象風景のあらわれなのです。

ですから、幽界には現世にあるものはすべてあります。低いステージであればあるほど、何でもそろっています。現世とほとんど変わりません。

ただそれらは物質ではなく、想念なのです。心にイメージしたものがそのまま目の前にあらわれる世界です。隣にいる人と普通に会話をしていても、「じゃあね」と思えば、スッと消えることができます。心に思ったことが目の前に出現するのですから、不自由さはまったく感じません。

基本的には、自分が現世で生きていた時代に存在したものと同じものに囲まれ、違和感のない姿かたちの人と出会います。

でも、たとえば「江戸時代に行ってみたい」と思えば、スッと侍が目の前にあらわれたりするでしょう。その点では、「ドラえもん」の「どこでもドア」があるようなものです。

現世でバリバリ働いていた旅行会社の女社長が、「江戸時代に行って、家康《いえやす》と会おう！」などという企画を立てて人を集め、ガンガン稼《かせ》いでいるかもしれません。そういう世界なのです。

「類は友を呼ぶ」という波長の法則によって、同じようなたましいが集まりますから、ある意味では居心地のいい世界といえます。

たとえば、お酒の好きな人同士が集まって、時間を気にせずにとことん飲み続けていられるのです。買い物が大好きな人たち同士でブランド店をめぐり、買いあさることもできます。オペラの好きな人は、目の前にいつも華々しい舞台がくり広げられるでしょう。

それは、平和と調和に満たされた本当の「天国」ではありません。けれど、「私にとっての天国」なのです。あまりにも居心地がいいために、幽界の下層部にずっととどまってしまう人もいます。

しかし、同じことをくり返しているうちに、フッと「いつまでこんなことをしているんだろう」という気づきが訪れるのです。

世俗的なことをくり返す毎日のなかで、「ああ、もうウンザリだ」と思うときが来ます。「もっと違う世界があるのではないか」「もっと価値あること、美しいことに満ちたすばらしい世界があるのではないか」「そこへ行かなくてはいけない」と考えるようになります。そのとき、スッと次の層である「霊界」へと進むことができるのです。

たとえば、現世で生きている人のなかにも、毎日のようにケンカにあけくれていた人が何かのきっかけで目覚め、悪い仲間と縁を切って教師になるための勉強を始めたり、お金や名誉にこだわっていた人が、急に「もっと社会貢献をしなくては」と思うようになったりすることがあるでしょう。それと同じような気づきが幽界にいる人々にも訪れるのです。

その気づきを促すのが、現世に生きている私たちの「供養」です。

ですから、現世で供養する側が同じレベルだと、幽界の人たちは目覚めることができません。つまり、故人よりも高い人格でないと、供養はできないのです。

また、現世を生きていたときに見守り続けてくれた守護霊からの言葉が、気づきを促すこともあります。ただし、聞く耳をもっていない人には届きません。それも現世で生きていたときと同じです。

幽界に行くことは、あらたな人生が始まるのと同じ。こちらから幽界に生まれ出るようなものです。そのあらたな人生のなかで、現世からの供養や守護霊の導きによって、少しずつ気づいて、より高い階層へと進むことができるのです。

★「浄化」のシステム

幽界の中でも、下層部と上層部では、まるで様相が違います。

では、どの段階まで行けば、たましいが浄化した、といえるのでしょうか。

死んだ直後に行く幽現界にいつまでもとどまっているたましいは、究極の未浄化霊です。

死の自覚がなかったり、死んだことを受け入れられずにさまよっているのですから、まだまったく浄化できていないといえます。

では、幽界に進めば浄化していくかというと、先ほど書いたように、幽界の最下層部にいるたましいは地獄にいるのとほとんど変わりませんから、これもまったく未浄化。それが、現世からの供養と守護霊の導きによって少しずつ気づくことによって、階層がレベルアップしていくと同時に、浄化が進んでいくのです。

つまり、浄化とは、黒がいきなり白に変わるオセロゲームのようなものではなく、黒からグレー、そして白というグラデーションとなって進んでいくものなのです。

俗っぽいもの、食べ物やお金、物質、そして愛情関係などへの執着を一つひとつそいでいく。また、人格の未熟な点や、わが身だけがかわいいという思い（小我）を克服していくことによって、黒から少しずつ白に変わるように、たましいは美しく清められていくのです。

幽界の最上部に行っても、まだ真っ白ではありません。完全に浄化してはいないのです。

幽界の最上部まで進んだたましいは、あらたな気づきを経て、「霊界」に進みます。

そこで今度は幽体を脱ぎ捨て、霊体だけになるのです。これは「第二の死」と呼ばれます。

ここまで進むと、もう自分の姿も形も名前もいっさい必要なくなります。性別もありません。たましいには、もともと性別はないのです。そういう縛りからすべて自由になった状態といってもいいでしょう。

それでもまだ完全な浄化とはいえません。たましいが完全に浄化するのは、その先、「神界」に到達したときです。

完全なる浄化というのは、はるかな先の話。けれど、すべてのたましいは、自らが完全に浄化し、神と同化することを願っています。そのために、新たな感動と経験と気づきを求めて、現世へと再生をくり返すのです。

さて、幽界における浄化を手助けするのが、現世からの供養であると書きました。

たとえば、アルコール依存症で亡くなった人に対して、現世の人間が、「向こうの世界では、もうお酒はやめてね」と話しかけることは、気づきを促すでしょう。

けれど、意識的に何かを教え諭《さと》そうとしなくても、現世で生きている側が、スピリチュアル・ワールドや浄化のシステムについて学ぶだけで、それがスッと伝わります。

たとえば今、あなたがこの本を読んで「ああ、そうか」と納得したとすれば、その思念がそのまま向こうの世界に伝わるのです。同化するといってもいいでしょう。私たちの自覚が、向こうの世界の人々の自覚と連鎖するのです。

ですから、霊的真理を学ぶこと自体が供養になります。

また、逆にあちらの世界での目覚めが、私たちの目覚めを促す場合もあります。

あるとき突然、意識改革されるように感じるときがあるでしょう。それは、思念の連鎖がもたらす改革なのです。

つまり、現世に生きる私たちと、亡くなって幽界に行った人々のたましいは、互いに切《せっ》磋琢磨《さたくま》しているのです。

そういうつながりをもてる相手は、肉親とは限りません。たましいの絆がある関係です。お互いに何か引き合う波長をもっている相手が、影響をもたらし合うのです。

こうして言葉で説明しても、その影響の与え方は理解しにくいでしょう。物質界である現世の人間が、物質界ではない霊的世界のことを理解しようとしても、どうしても限界があるのです。

肉体がなければ、「想念が瞬時にして同化する」ということがどういうことなのか、すぐにわかるのですが、今はまだ無理です。ただ、理解しようと努めることはできますし、学びを積み重ねていくことで、少しずつ理解は深まります。

★霊界〜「グループ・ソウル」への帰還

幽界のなかで、少しずつ階層がレベルアップする、ということは、たんに周囲の環境が変わって幸せになる、ということではありません。最下層部は、どんよりした世界で、最上層部は光に満ちた美しい世界だと書きましたが、そういう外的環境だけの違いではないのです。

たましいの在り方が、小我から大我へ移っていくのです。

小我とは、自分の幸せや快楽だけを考える、身勝手で小さな心。大我とは、自分以外の人や全世界の幸せを願う大きな心です。

たしかに最上層部（サマーランド）に行くと幸せです。なぜ幸せかというと、自分も周囲も大我に目覚めているからです。

人を許し、人に許され、すべての調和がとれたすばらしい世界なのです。

わかりやすい例を使いましょう。たとえばメロンを人数分切ったところへ、もうひとり来たとします。自分のメロンを取られまいとしてあわてて隠したり、「俺にもメロンをよこせ」とケンカになったりするのは、下層部です。新しく来た人に、「さあどうぞ」と自分の分を笑顔で分けてあげるのが上層部。さらに上に行くと、自分たちは食べずに、「メロンは一個まるごと苦しい世界の人にさしあげましょう」ということになるのです。

そこは本当に天国のようなところです。下層部にいたときの居心地のよさとは、また違うすばらしさがあります。「ここが本当の天国だ」と勘違いしてしまうことも多いのです。けれど、最初は快適に過ごしていても、心が大我になっているので、ふと「このままでいいのだろうか」という気づきがまた訪れます。

理想的に調和のとれた世界のなか、すべてが平和ですばらしい毎日が続くと、「もっと人に貢献できるたましいになりたい」という気持ちが強くなってくるのです。

たまには涙してみたい。思うようにならない苦痛や、それを乗り越えたときの喜びを味わいたい。なぜなら、そういう体験によって、自分自身の本質を理解し、成長することができるから。そんなふうに思うようになります。

幽界の上層部に来たからといって、霊格そのものが向上しているわけではありません。いい部分だけが表面化しているので、心地いいだけなのです。本質が変わっているわけではありません。

自分の悪い部分ももっとあぶり出して、本質を見極め、根本的な変革をしようと思えば、現界に戻るのが一番いいのです。

現界は、あぶり絵のように、自分の本質をあぶり出す火のようなものだからです。幽界にいては自分自身の本質が出せません。理解しきれません。だから現世へ再生をしようと思うのです。

そう思ったとき、たましいは幽体を脱ぎ捨てて、霊界に入ります。それが「第二の死」です。霊界こそが、私たちのたましいのふるさとである「グループ・ソウル」の世界です。

グループ・ソウルのなかには、私たちの前世を生きた経験がすべてあります。守護霊もそのひとつなのです。

霊界に進むと、たましいはグループ・ソウルのなかに溶けこみ、渾然《こんぜん》一体となります。もちろん、現世を生きた経験は残りますが、長い旅路のなかで、細かい記憶は消えていき、経験と感動の記憶だけが残って、溶けこんでいきます。

たとえば、幼いころ誰かとケンカしたり、いじめられて泣いたりした記憶は今でも残っているでしょう。けれど、その相手の名前や顔は思い出せないことも多いはずです。それと同じような感覚です。

現世で積んだ経験と感動だけが、グループ・ソウルに溶けこんでいくのです。

★再生〜再びたましいの旅へ

大我に目覚めたたましいは、グループ・ソウルに溶けこみ、そのなかから再び新たな経験と感動を求めて、現界に再生します。

一杯のコップに入った水をグループ・ソウルだと考えてください。

そのなかの一滴が飛び出して、現界へと戻ってくるのです。現界で再びさまざまな経験と感動を積み、より濁《にご》りのとれた、美しいたましいになって戻ってくるのが、その一滴の使命です。

使命を果たせれば、再びコップのなかに帰ってきたとき、コップの水全体の濁りが薄まり、より透明度の高い水になれます。最終的には、完全に濁りのとれた美しい透明な水になり、神と同化することが目的です。

守護霊とは、現界を生きるたましいを常に見守り続ける高級霊のことをいいますが、再生を果たした自分と、それを見守る守護霊は、同じグループ・ソウルの一員です。ですから、守護霊は、二人羽織《ににんばおり》のように、自分が現界で生きているかのような気持ちで、たましいの旅路を見守っているわけです。

守護霊は高級霊ではありますが、それは霊界にいるからで、実は現界に再生してきた私たちと同じ人格です。

霊的世界にいれば、真理のすべてがわかるので、みんな善人になれます。いい面だけしか表に出てきません。現界に降りてくると、悪い面が表に出やすくなります。そういう違いがあるだけで、同じグループ・ソウルなのですから、守護霊と私たちは、基本的に同じ人格なのです。

守護霊は、霊的世界にいる真理に目覚めた視点から、この現界をどう生きることが霊格の向上につながるか、ということを常に指導し、見守ってくれています。それが守護霊という存在なのです。

グループ・ソウルの一滴として現界に再び生まれ出て、守護霊に見守られながら、自分自身の本質をさらけ出し、さまざまな経験と感動を積んでいく。それによって、霊格を向上させていく。それが私たちのたましいが現世へと再生をくり返す目的なのです。

このようにして、私たちは長い時間をかけ、何度も何度も再生をくり返します。

現世における死は、たましいの終わりを告げるものでは決してありません。

たましいは、永遠なのです。

第二章　大切な人を見送るとき

1．「看取る」ということ

★余命が告げられたとき

この章では、スピリチュアル・ワールドへ旅立つ人を「見送る」ということについて、さまざまな視点から考えてみます。

再生を果たし、この世に生を受けたたましいは、多くの経験と感動を積み、やがて定められた旅立ちのときを迎えます。

病を得て旅立つ場合、家族は医師から余命を告げられることになるでしょう。そのとき、事実を本人に告げるかどうか。多くの人が迷うことです。

けれど、旅立つ人のことを本当に考えれば、答えは出るはずです。

亡くなる側は、告知されなくても、自分の体のことですから、だいたいわかります。

それなのに周囲が隠していると、逆に周囲を気遣《きづか》って、自分が気づいていることを隠さなくてはいけない、という状況になるのです。

するとお互い、病気や死について語れなくなってしまい、寡黙《かもく》になります。最期《さいご》のときを迎えようとしているのに、本人を孤独にさせてしまうことになるのです。

旅立つのは本人です。本人の希望、安らぎ、幸せを何よりも優先させるのが、看取《みと》る側の基本姿勢であるべきです。

しかし残念ながら、多くの場合、残される側の都合に合わせて、さまざまな決めごとがなされているように思います。

本人にはもう別れが近づいていることはわかっています。

本当にその人のことを思うなら、基本的には、告知はするほうがいいのです。

気遣いは、本人をより孤独にさせるだけ。

思いやっているはずのその気持ちが、空回りしてしまうのです。

ただし、本人が性格的に告知に耐えられそうにない場合、あるいは、告知をしたあと、本人が最後にやりたいことをやれる体の自由がない場合などは、告知するのがいいと一概に決めつけられません。

ケースバイケースで、本人の今の精神状態や性格をよく見きわめ、何が本当に本人の幸せかを洞察する力が必要になるでしょう。

また、告知するとしても、条件があります。

決して言いっぱなしにしてはいけません。しばらく休職してでも病人に付き添うぐらいの気持ちで告知してください。

医師が告知する場合も同じです。「一日に三回、患者と会う、という覚悟をもたないと、告知はしない」という立派な医師もいます。

けれど医師の多くは、告知したあとも回診だけ、ということになりがちです。患者の数があまりにも多すぎて、一人ひとりの命と真剣に向き合う余裕などもてないのが、今の医療の現実です。病院である以上、治る患者のほうに手をかけざるを得ないという面もあります。

もちろん、心ある医師もたくさんいますが、よほどの人格者か忍耐力のある人でないと、今の医療システムのなかでは、命に対する感覚が麻痺《まひ》してしまうのかもしれません。良心的な医師であればあるほど追い詰められるでしょう。最先端の大病院での勤務に限界を感じ、ふるさとにあるホスピスに転職したという医師もいます。

医師にも患者にも無理を強《し》いる今の医療システムを改めないと、人が病院内で命の最後を輝かせ、悔《く》いのない看取りをしたりされたりすることは難しいのかもしれません。

医療側には改善すべき点が多いのが現状だとすれば、看取りの中心になるのはやはり家族です。

告知する以上は、最後まで本人に寄り添い、不安や恐怖がやわらぐよう心を尽くすことが何より必要となってきます。

★「がんばらなくていい」

家族が余命を告げられたなら、第一に気をつけていただきたいことがあります。

それは、決して「がんばれ」とは言わないということ。

「怖《こわ》くないよ。懐《なつ》かしい人に会えるんだから」と言ってあげてほしいのです。

私はガンを患《わずら》った人からの相談を受けたことが何度もありますが、決まって最後は「もうがんばれない」と言って涙をこぼされます。「がんばらなくていいんですよ」と伝えると、本人の表情がガラッと変わるのです。何かが抜けていった感じで、スッと表情が軽くなります。

「もうがんばらなくていい」と言ってしまうと、最後通牒《つうちょう》を突きつける感じがして、冷たいのではないかと思う人が多いのですが、それは違います。

死は誰にでも訪れるもの。来ないフリ、見ないフリをしても意味はありません。

治る可能性があるなら、がんばる意義はあるでしょう。けれど、治らない人に「がんばれ」と言うことは、自然なことであるはずの死を「論外のもの」として除外することで、死にゆく本人を突き放し、孤独にさせてしまうことになりかねないのです。

もし自分が死ぬ立場だったら、と想像してください。

死について話したいと思いませんか？　これから自分が行く世界はどんなところなのか、誰かと話すことで、心細さや不安が少なくなると思いませんか？

たとえば遠い地方に転勤が決まったとします。そこがどんなところなのか、誰かに聞きたくなるでしょう。何もわからないと、不安になるのは当然です。なのに「そんな遠い地方のこと、考えるのやめようよ」と言われると、孤独感に陥るはずです。自分は絶対に行くことが決まっているのですから。

私の知人は、お母さんの余命が告げられたとき、私の著書を何冊も紹介したそうです。死とは何か、死後にたどる道はどういうものかなど、これから行く世界のことについて知識をつけ、安心させたかったからです。

親戚からは、「なんて冷たい、おかしな子だ」と言われましたが、お母さん自身は冷静に受け止め、家のなかをきちんと整理して、形見分けまですませてから亡くなったそうです。

それは、絶望して人生をあきらめたからではありません。ともに考えてくれる娘の存在に励まされ、死を受け入れられたからこそ、「人生をまっとうする」ということができたのだと思います。

死を受け入れるしかないとわかった段階で、すでに昏睡《こんすい》状態になっている場合もあるでしょう。それでも間に合います。意識がないように見えても、周囲の話し声は絶対に聞こえているのです。ですから、きちんと話してあげてください。これから行く世界は決して怖いところではないことを。懐かしい人たちに再会できるということを。肉体を脱ぎ捨てるだけで、たましいは永遠であるということを。

その言葉は今から旅立つ人の恐怖をやわらげ、大きな安心を与えることになるはずです。

★聴くこと、息を合わせること

看取りの際には、そういう言葉かけ以上に大切なことがあります。何より必要なのは、言葉ではなく、そばに「寄り添う」ということなのです。

何かしようとか、言おうとか、意気込む必要はありません。ただ黙って、寄り添うだけでいいのです。そのうち本人が安心して心を開けば、ぽつぽつと語り始めます。

その言葉を「聴く」こと。黙って「耳を傾ける」こと。それこそがもっとも大切なことです。

人生の愚痴《ぐち》や泣き言をつぶやくこともあるでしょう。幼いころのこと、戦時中は苦しかったという思い出話、「なぜこんな病気になってしまったのか」などという言葉も出てくるでしょう。

とりわけ、誰かと不仲のままだったり、自分自身の生き方に納得していないままだと、本人のなかにしこりとなって残っています。それを吐《は》き出したい、という思いが必ずあるのです。

多くの看取りを経験した人は、みんな「聴く」ということの大切さを口にします。

旅立つ人の胸のうちにあるさまざまな思いを、共感をこめてうなずきながら、ただ黙って聴いてあげてください。口をはさむ必要はありません。静かに手を握り、その人の気持ちにただ寄り添えばいいだけです。

そのとき大切なのは、病人と「息を合わせる」ということです。

速い呼吸をしていれば、看取る側も速い呼吸で。大きくため息をつけば、同じように大きく息を吐きましょう。すると、相手の状況がわかります。息が速ければ苦しいのだとわかるし、ため息をつけば何かを吐き出したいのだとわかるのです。

相手はしだいに自分が理解してもらえたことを感じて、静かな落ち着いた息になっていくでしょう。

そうやって息を合わせて、相手の話を聴くということは、相手の感情をいっしょに疑似《ぎじ》体験するということ。痛いなら痛い、悔《くや》しいなら悔しい、胸にたまったその思いを「分かち合う」ということです。

分かち合ってくれる人がいると、苦しみを乗り越えられます。

理解し、共感してくれる人がいれば、苦しみは半減するのです。

本当の苦しみとは、肉体の苦しみではなく、心の苦しみであり、孤独です。心の苦しみは薬では消えません。分かち合ってくれる人がいるからこそ、半減するのです。

人は愚痴や泣き言、苦しみや不満をすべて出せれば、あとは穏《おだ》やかになります。すると、出てくるのは「私も悪かったのよ」「ごめんなさい」という言葉です。自分自身の内面に目が向くようになり、鋭い洞察力で自分の人生を見つめ直すことができるようになるからです。

生きてきた時間の意義をとらえ直し、真の平和と安らぎにいたることもできるようになります。

家族は、先に逝《い》かれてしまう悲しさ、寂しさに心が動揺して、なかなか本人の言葉に耳を傾けるゆとりがありません。本人も、そんな家族の気配を察し、これ以上、悲しませたくないと思って口を閉ざしてしまうのです。

それは家族への最後のいたわりです。けれど、心のなかは不安でいっぱいですし、これまでの人生を振り返って、さまざまな思いが去来《きょらい》しています。そんな思いを、ただ黙ってうなずき、聴いてくれる人がほしいのです。

看取る側は、寂しさで胸が張り裂けそうな思いでしょう。けれど今こそ、亡くなる本人のことを第一に考えるべきときです。理性的になって、「本人にとって何が一番幸せなのか」を心の底から考えなくてはいけません。

死を受け入れ、寂しさを乗り越えて、病人の手を握ってあげてください。

その人生をいっしょに振り返り、今、心のなかにある思いをともに分かち合ってください。言葉はいりません。理解と共感をこめて、ただ寄り添うこと。それだけでいいのです。

これは、看取るときだけではなく、一般の人間関係のなかでも同じことがいえます。相手の心のなかにあるものを、ただ「聴く」ということ。これができれば、人間関係はうまくいきます。

「自分が何を話すか」「どうやって相手に話を聞かせるか」ということだけに注意を向ける人が多いのですが、それは小我《しょうが》のあらわれ。自分中心の考え方です。

まず相手の話を「聴く」ということ。

理解と共感をこめて「耳を傾ける」ということが必要なのです。

自分のことを振り返ってみてください。気持ちが落ちこんだとき、ただ話を聴いてくれる友人の存在がありがたいでしょう。話の途中で自分の感想や意見を言ったりせずに、ただ胸のうちを吐き出させてくれる人。そんな人に愚痴を聴いてもらうと、すっきりします。そして、自分自身で答えを見つけ出せるようになるのです。

人から何か意見を聞かされても、押しつけられた感じが残り、心から納得できることはまずありません。かえって反発してしまうでしょう。

相手の話に「ふうん」とうなずきながら、相手の言葉が「正しいな」と思う瞬間があれば、そのときは「そうだね」と言えばいい。すると、相手が自分で自己分析を始めます。その自己分析が終わるまで、黙ってつきあえばいいのです。

子育てにおいても、これは大切なことです。お母さんの包容力がいちばんよくあらわれている言葉は「どうしたの？」です。自分の話を聴いてくれて、痛い思いや悲しい思いをいっしょに味わってくれる、そんなお母さんが子どもは大好きなのです。そうやって話を聴いてもらえるから、また笑顔を取り戻し、元気に外に遊びに出て行けるのです。

人が人にしてあげられる最大のプレゼントは「聴く」ということ。

それは、看取る場合だけに限らず、すべての人間関係の基本なのです。

★宗教を信じている人を看取るとき

ここで、何かの宗教の熱心な信者を看取る場合について考えてみましょう。

世界中には、さまざまな宗教があります。違う宗教を信じていれば、死後、たましいは違うところに行くのでしょうか。そうではありません。死後の世界はひとつです。仏教が説く死後の世界しかなければ、キリスト教徒やイスラム教徒が行くべきところはなくなってしまいます。そんなことはあるはずがないのです。

どの宗教を信じていようが、帰る世界はひとつです。

宗教の開祖は、ある意味で霊能力者だったのでは？　と私は思っています。それぞれが見た死後の世界、生命の成り立ち、生きる意味を、それぞれの表現方法で語ったものが、宗教の教えなのだと思います。

宗教が死後の世界をつくったわけではありません。あの世があって、あとからそれを表現するさまざまな宗教ができたのです。

あの世を「地球」にたとえれば、ある宗教はアメリカ大陸をあの世だといい、別の宗教は中国大陸をあの世だといっているのです。

現世《げんせ》にいる間、何らかの宗教を信じ、それが生きる力になることもあるでしょう。けれど、霊的真理からいえば、特定の宗教に固執《こしゅう》しないことがもっとも幸せだといえます。

宗教を信じてはいけない、ということではありません。けれど、常にほかの考え方も受け入れられる柔軟性をもっていないと、ほかのものが見えなくなってしまうのです。

アメリカがすべてだと思っていると、ほかの国の存在が目に入らないので、ほかの国へ行けなくなるでしょう。それと同じように、ひとつの宗教に固執していると、霊的な真理に対して目を塞《ふさ》いでしまうので、浄化《じょうか》の妨《さまた》げになることが多いのです。

けれど、宗教を信じて生きてきた人に対して、最期のときにあえて「それは違うよ」と言う必要はありません。お釈迦《しゃか》様が迎えに来てくれると思っている人、マリア様に抱かれるはず、という人、さまざまでしょう。

その思いを否定して刺激したりせずに、うなずいて聞きながら、「行ってみて、そのあとで霊的世界のほうを理解しようね」と柔らかく受け止めてあげればいいと思います。ひとつの考えに固執しない柔軟な心をもっていれば、真実はやがて理解できるのですから。

★ホスピタリティのある病院を

看取りの場所については、自宅が幸せだと考える人が最近は多いようです。自分の住み慣れた部屋で、愛する家族に囲まれて最期のときを迎えるのが理想だというのは、自然な発想でしょう。

私の場合は、最期は緩和《かんわ》医療をきちんと受けたいので、自宅ではなく病院を、それも清潔で、居心地《いごこち》のいい病院を選びたいと思います。

どこで最期を迎えたいかは、人それぞれ、好きな場所でいいのです。

本人の希望を聞き、自宅に帰りたいという気持ちが強いようであれば、できる限りそれをかなえてあげてください。

自宅に帰れない場合は、病院で看取るしかないわけですが、問題は、日本に「居心地のいい病院」が少ない、ということです。

日本の病院は、狭い病室にスチールのベッドがわびしく置いてあるだけ、ということが多いでしょう。建物が古かったり、照明が暗かったりするので、「こんなところで死にたくない」と思える病院も見受けられます。だから多くの人が「できれば自宅で」と望むようになってきたのでしょう。

欧米の病院は、病室に自分の家族の写真を飾るなどして、自分の部屋のように居心地よくすることが許されていたり、食事のメニューも患者が選べるようになっていたりします。

日本の病院がハード面において貧しいところもあるのは、私たちの考え方のどこかに、「病院には医療設備さえあれば十分だ」という思いがあるからかもしれません。それゆえ、「居心地」などは、二の次、三の次にされてきたのでしょう。

欧米では、病人に対して「ご苦労さま」という感覚があります。がんばって生きてきた結果、病を得たのだから、ねぎらうのが当然、という考え方なのでしょう。

ホスピタルの語源はホスピタリティ（もてなしの心）です。ちなみに、ホスピスの語源も同じです。

少し改善されてきたとはいえ、日本にはホスピタリティを感じさせる病院はほとんどないといっていいでしょう。日本でホスピタリティがあるといえば、ホテルぐらいです。

けれど、病床にある人にこそ、ホスピタリティが必要です。

とりわけ最期のときを迎える人には、病院のハード面にもソフト面にも、ホスピタリティが求められています。

もちろん、死後には物質はもち帰れません。けれど、現世で見る最後の景色が病院の無機的な白い壁では、あまりにも寂しいでしょう。旅行の最後の食事はおいしいものを食べたい、いい部屋で過ごしたい、という心理と同じです。

ゆったりとした部屋に花や家族の写真が飾られ、美しい音楽が小さく流れるなか、窓を開けると緑が続き、その向こうに青い海が輝いている、そんな病室。あるいは、都会のきらめく夜景が一望できる高層ホテルのような洋室。しっとり落ち着いた高級旅館のような趣のある和室など、人の好みはさまざまでしょう。そういう希望がかなえられる社会になってほしいと思います。

自分が最期を迎える場所や環境は、具体的にイメージしておくといいでしょう。そのほうが実現しやすくなるはずです。そのためにも、巻末の「スピリチュアル・エンディング・ノート」をぜひ活用してください。

2．葬送のセレモニー

★葬儀〜「あきらめ」のイニシエーション

看取りの時間が終わると、葬儀になります。

葬儀とは、死のイニシエーション（通過儀礼）です。亡くなった人は、肉体からたましいが離れても、しばらくはまだ自分の死を実感できません。見送る側も同じです。それぞれにとって、「死」が訪れたという事実を自覚するためには、「葬儀」という儀式が必要なのです。

それが、グリーフケア、すなわち深い悲しみを癒《いや》し、故人のご冥福《めいふく》を祈る、ということにつながります。

ですから、基本的には葬儀は必ずするべきです。葬儀という儀式がなければ、見送る側も送られる側も、お互いに「今もまだ死んでいないような気がする」と思ってしまうでしょう。執着《しゅうちゃく》がいつまでも続きます。

親しかった人にお知らせをして、葬儀を執り行い、火葬にして遺骨を目にする。

この一連の行為があるからこそ、互いに「あきらめる」ことができるのです。

葬儀は、「あきらめ」のイニシエーションであるともいえるでしょう。

見送る側は、これまで述べてきたような霊的真理を理解して、一連の儀式に臨んでください。

いつまでも死を受け入れられずにいると、故人の浄化の妨げとなります。

葬儀のときにもまだ「行かないで」と思ってしまうのは、厳しいようですが、愛情ではなく、執着です。その点を混同しないようにしてください。

故人の幸せを願うならば、毅然《きぜん》として別れを受け入れなくてはいけません。それが本当の愛です。

また、葬送のセレモニー全般を通して大切なことは、故人の尊厳《そんげん》を必ず守る、ということです。

死とは、肉体からたましいが離れて、ふるさとであるスピリチュアル・ワールドへと戻ること。しかしセレモニーの時点では、ほとんどのたましいはまだ幽現界《ゆうげんかい》からこちらを見ている段階です。残された人々がどういう思いでいるか、何をしているか、すべて見ています。

亡くなったあと、ご遺体を裸にしてみんなで清拭《せいしき》するケースもあるようですが、本人のたましいはそれを見て「恥ずかしい」と感じるはずです。そういう羞恥心《しゅうちしん》は人間として当然のこと。本当に親しい数人だけで清拭するなどの心配りが必要です。

今は、ご遺体の写真撮影をする人も多いと聞きますが、とんでもないこと。「撮らないで」という意思表示ができなくなった状況で撮影するのは、故人に対してあまりにも失礼です。無防備に寝ている姿を、無断で写真に撮るようなものですから、相手を尊重した行為とはいえません。

亡くなった人は、肉体を脱ぎ捨てることによって、霊的な感性が全開となり、テレパシーが使えるようになっています。生きている側の心のなかまで透けて見えているのです。「死んだあとは何をしてもわからないし、何を言っても聞こえない」などと考えるのは大きな間違い。あなたがしていること、心のなかでつぶやく思い、すべて故人に届いているのです。

★お通夜～静かに付き添い人生を振り返る時間

お通夜《つや》も大切な習慣です。お通夜は、本当に亡くなったかどうかの確認のために行われるようになったといわれています。

今も脳死判定の是非《ぜひ》が問われるぐらいですから、どの段階で亡くなったといえるのか、昔はもっとあいまいでした。お葬式の途中で息を吹き返すというケースもあったのでしょう。そういうことがないように、火葬せずにご遺体を見守るということが行われるようになったのかもしれません。

お通夜は陽気にふるまうという習慣がある地域もありますが、それは、ご遺体が別の生き物になってよみがえったりすることを恐れたから、わざとみんなで陽気に騒いだのだといわれています。

霊的視点からいえば、死は怖いものではないので、何も恐れる必要はありません。陽気に騒いで、恐怖を払拭《ふっしょく》する必要などないのです。

騒ぎすぎると、まるで別れがうれしいかのような印象を故人に与えるでしょうから、あまりいいこととはいえません。ただし、いたずらに悲しむのも、故人の足を引っ張るというのは、前述したとおりです。

一晩中、ずっと誰かがそばに付き添っていてくれると、もちろん故人は喜びます。そのとき、静かにその人の人生を振り返り、お別れの言葉を伝えればいいのです。

何もしゃべらなくても、ご遺体の前でじっと故人のことを考えるだけでもかまいません。「最後に大好きだったケーキを食べたかったでしょうね」など、「もっとこうしてあげればよかった」という思いを話してあげると、「わかってもらえて、うれしい」「そんなに考えてくれてたのね」と感激するでしょう。

「おばあちゃんって、やさしかったね」「努力の人だったね」などという会話を聞くうちに、故人は自分が人生をまっとうし、死を迎えたことを自覚できるようになるのです。

亡くなったからといって、別に美化する必要はありません。悪口を言ったり、怒らせたりしてはいけませんが、その人がどういう人だったか、ありのままを語ればいいのです。

仏教では、故人を美化して語ることがよくあります。神道《しんとう》も最近はそういう傾向が強いようですが、本来、神道のお葬式では、美化はしません。亡くなった人の履歴から性格、趣味にいたるまで、本当のことをご遺族から聞き取って斎詞のなかで語るのです。

たとえば「お酒が大好きで家族を泣かせることも多かった」というようなことでも、それが真実ならば口にします。そうやって、己のありのままの姿を見つめることも、故人にとってまた必要なこと、という考えからです。

絶対にしてはいけないのは、下世話《げせわ》な話。たとえば相続のこと、親族の争いごとなどです。お通夜は近親者が中心なので、そういう争いごとが表面化しやすいのです。

昔は「亡くなった人の前で、そんな話はおやめなさい」と、たしなめる人が親族のなかに必ずいました。そういう文化は大切に守り続けてほしいと思います。

つまり、故人はいなくなったわけではなく、そこにいると考えて行動すればいいのです。

何をしてあげることが必要か。何をしてあげれば喜ぶか。いやがるか。

その視点ですべてを判断してください。

★心が香り、心がともる

葬儀には、さまざまな決めごとがあります。

そのすべてを葬儀社に任せたり、宗教の定める形式で行うことが多いと思いますが、霊的視点からいうと、ほとんどの決めごとにあまり意味はありません。だからといって、必要がないということではないのです。

すべては、動機によって決まります。

たとえば「お線香の香りは、向こうの世界で亡くなった人の食料になる」という話がまことしやかに語られたりしています。だから、お線香をたくさんたくと、向こうの世界で故人がおなかいっぱいになるというのですが、もしそれが本当だとすると、お線香をあげない国の人やキリスト教徒は、向こうの世界で空腹を抱えている、ということになります。そんなはずはありません。そういう風説《ふうせつ》は多いのですが、理性的に判断してください。

ただし、お線香は「いい香りがする」と確かに霊は言います。日本人として生まれて、お線香の香りになじみがあるし、亡くなったあとはお線香をあげてもらえるものだと思っているからでしょう。

見送る側が、亡くなった人のことを思い、心をこめてお線香をあげれば、それはいい香りとなって、故人に届きます。

灯明《とうみょう》も同じです。気持ちをこめて灯《ひ》をともせば、本当に霊は「ああ、明るくなった。うれしい」と感じるのです。

すべては「思い」が決定します。形だけお線香をあげ、灯明をともしても、そこに心が伴っていなければ何も伝わりません。

何をするときも、心をこめれば、それは故人にきちんと届くのです。

ご遺体を北枕に置いたり、守り刀を胸に置いたり、枕飯《まくらめし》を備えたりするのも同じです。

北枕は、今のように家の機密性が高くなかった時代、北を枕にすると、風が入りこんで涼しいので、ご遺体を腐《くさ》りにくくするために始まった習慣だといわれています。「北枕で寝てはいけない」という風説は、死人と同じになるからだと思われていますが、実際は北枕にすると寒くて風邪をひきやすいから気をつけよう、という知恵なのです。

守り刀は、動物よけです。魔物が来てご遺体をもっていかれないように、などという風説があとからついたわけですが、最初は、動物が来てご遺体を食べないように、ということから始まったものといわれています。

枕飯も、食べ物が少なかった昔の習慣です。最後に白いご飯を食べさせてあげたい、という思いから始まったものでしょう。

どちらも現代では考えられないことなので、形骸化《けいがいか》しているといえるでしょう。霊的視点からいっても、すべて故人の浄化には関係ないので、やってもやらなくてもいいのです。細かいことにこだわる必要はありません。

ただし、そう理解したうえで省略するのと、面倒くさいからやらない、というのではまったく違います。両者の違いは一目瞭然《いちもくりょうぜん》です。面倒くさいから放置しているだけというのは、見ればわかります。それは霊を悲しませることになるでしょう。

すべてはその行為の動機によります。

どういう「思い」で行うか。それが鍵となるのです。

★お経、戒名は故人が喜ぶ選択を

死後の世界と宗教は無関係です。

ですから、宗教・宗派によって、浄化が決まることはありません。亡くなった人が信じていたなら、その宗教・宗派の形式に従って、儀式を執り行えばいいでしょう。

お経やお題目《だいもく》は、生きている側のためのものです。生きる真理について書いてあるわけですから、生きている間に勉強して理解しておけば、役立つだろうと思いますが、意味もわからずに聞いているなら、それはただのＢＧＭです。

亡くなったからといって、突然お経が理解できるようになるわけでもないので、故人にとっても意味はないでしょう。

ただし、生前からお経やお題目に詳《くわ》しく、しっかり理解していた人は、亡くなったあとに読んでもらえると喜びます。年配の方のなかには、読んでもらうだけで、「ありがたい」と思う人もいるでしょう。ここでも「亡くなった人が何を喜ぶか」ということを中心に考えてください。

いずれにしても、お経やお題目と故人の浄化とは無関係です。「この世への未練を断ち切って、はやく浄化するほうが幸せだよ」と話しかけてあげればそれでいいと思います。

戒名《かいみょう》や位牌《いはい》も、あってもなくてもどちらでもいいのです。故人の浄化とは関係ありません。私のカウンセリング歴を振り返ってみても、戒名で呼びかけて答えた人はほとんどいません。

戒名は、仏教で葬儀をする際、故人を仏教徒にしてから執り行わなくてはいけない、というしきたりがあるために、便宜的《べんぎてき》につける仏教徒としての名前です。

生前から仏教に帰依《きえ》して、死後は菩提寺《ぼだいじ》に戒名をつけてもらうものだと決めていた人なら、その名前で呼べばいいでしょう。それ以外の人には戒名の意味はありません。

戒名は高額なので、お寺が儲けるためのシステムだと言う人がいますが、頼む側がいるから、お寺側はそれに応《こた》えているだけ。それが仏教における儀礼だからです。高くていやだと思うなら頼まずに、俗名でお葬式を出しましょう。

「戒名もつけないなんて外聞が悪いから」という世間体のために、自分から依頼するのなら、値段についても不満は言えないのではないでしょうか。

位牌も同じです。基本的にはあってもなくてもかまいません。

ただし、位牌の場合は、それがあると亡くなった人に念が届きやすいというメリットはあります。対象物があるほうが、思いが届きやすいからです。

海外では、霊能力を使うサイコメトラーが犯罪捜査をするケースがありますが、彼らは、たとえば失踪《しっそう》した人の使っていたものや髪の毛などを通して、その人の思いを把握《はあく》しようとします。それと似ています。

位牌とは、故人とのコンタクトのために必要なアンテナのようなものだ。そう考えてください。遺影やお墓についても同じことがいえます。

遺影は自宅に飾ってはいけないという人がいますが、そんなことはありません。ただ、見て悲しい思いが募《つの》り、故人への執着がそれによって増すようならば、飾らないほうがいいということです。見ると懐かしい思い出がよみがえり、うれしくなるなら、どこに遺影を飾ってもかまいません。

供物《くもつ》やお花も、形式や定番にとらわれず、故人の好きだったものを選べばいいのです。ケーキの好きだった人にはケーキを供え、菊の花より明るいヒマワリが好きだったという人なら、ヒマワリを飾ればいいと思います。

現世における最後のセレモニーですから、本人の好みを優先して選んであげればいいのです。それをいつまでも続けると執着になりますが、お葬式のときなら大丈夫です。

セレモニーの主人公はあくまで故人。そのことを強く意識して、心のこもった式をしてあげてください。

★音楽葬、生前葬、自然葬

今は葬儀にも、さまざまなバリエーションが出てきています。

盛大なお葬式もあれば、家族だけの密葬もあります。それもやはり、故人がどちらを喜ぶかを基準に決めればいいと思います。そういう希望も、「スピリチュアル・エンディング・ノート」に記しておくといいでしょう。

お祭りが好きだったから、太鼓の音で送り出してほしいとか、クラシック音楽が好きだったから生演奏をつけた「音楽葬」にしてほしい、というように、独創的な要望があってもいいと思います。可能な限り、本人の希望に沿う式がいいのです。

もしそういう遺言がない場合でも、本人が本当に喜びそうだと思う演出を取り入れるのは決して悪いことではありません。ただし、生前にしっかりその人の好みや性格を理解していることが前提です。

生きている間に、「生前葬」として、親交のあった人にお別れを告げる会を開く人もいます。

「死んだら無になるから、今のうちに」という考え方は間違いですが、生前にお別れをすませておくと、いざ本当に亡くなったとき、周囲の人にも覚悟ができていて、悲しみが軽減される、という良さはあるでしょう。

生きている間に、一人ひとりに具体的なメッセージを伝えることができるので、グリーフケアにもつながります。

感謝を伝えたい人、謝っておきたい人などを招いて、きちんと挨拶《あいさつ》をしておけば、安らかに最期を迎えることができるでしょう。わだかまりがあった人とも、これで最後と思えば、和解できるかもしれません。

そういう意味では、生前葬は、お別れに向かっていくひとつのステップになります。

「お別れの会」と、実際の葬儀、二回してもかまいません。

海や山に遺骨を撒《ま》く「自然葬」については、霊的視点からは、あまりおすすめできません。

散骨しても、たましいが海や山に行くわけではないからです。情緒的には美しいかもしれませんが、それだけのこと。環境汚染になって迷惑をかけることにもなりかねません。

山に散骨して、それが養分となり、美しい花が咲いてくれればいい、という謙虚な気持ちであればいいのです。自分の体を使って、少しでも地球にお返しをしよう、という心なら、自然葬もいいでしょう。でも、ただの憧《あこが》れやナルシシズムであるなら、感心しません。

もし故人がどうしてもと希望していたなら、かなえてあげればいいのですが、それが故人の浄化とは関係ないことだけは、心に留めておいてください。

★お焼香は故人に語りかけながら

葬儀に参列する立場のときも、第一に考えるべきは、故人の望みであり幸福です。

前述しましたが、故人のたましいは幽現界にいて、すべて見ているし、聞こえています。肉体がない分、テレパシー能力が全開になるので、心まで見通せるのです。

ですから、生前、仲の悪かった人は、無理をしてまで葬儀に参列することはありません。

もちろん、不仲だったことを後悔《こうかい》し、謝りたいという気持ちで行くならいいのです。その気持ちは故人に伝わります。けれど、形だけを取り繕《つくろ》うために参列するなら意味はありません。

お焼香《しょうこう》のときに何を考えているかも、故人にすべて伝わります。そのときこそ、故人と一対一になって、語りかけることができるチャンスなのです。

けれど多くの人は、自分の順番が回ってきたとき、「お焼香の回数は二回だっけ、三回だっけ」と迷ったり、「イチ、ニ、サン……」などと数えるのに没頭して、故人のことを考えていないのではないでしょうか。

故人は、たいてい遺族の隣などにいて、その様子を見ています。「ああ、来てくれたんだ。どんなことを言ってくれるんだろう」と思って、お焼香をする人を見つめています。それなのに、相手の頭のなかにあるのは「イチ、ニ、サン」。これでは、がっかりです。

順番待ちをしている間は、周囲の人と故人の想い出話をしたりしますが、肝心なのは、お焼香のときです。そのときこそ、今までのつきあいを振り返り、きちんとお別れを言うべきです。

執着を断ち切って、たましいの在り方を自覚し、浄化することこそが、亡くなった人の進むべき道です。自分らしい言葉で、そのことを伝えてあげればいいのです。

故人を心配させたり、悲しませたりする言葉は慎《つつし》みましょう。「まだ若いのに、かわいそうに」とか「ご遺族もこれから大変だ」などという言葉よりも、「いい人生だったね」「ご遺族のことは、みんなで支えていこうね」という心のこもったポジティブな言葉が故人を安心させ、励ますのです。

また、故人と関係ない仕事の話などを仲間内でするようなことも、タブーです。故人は「葬儀に来てまで、関係ない仕事の話か」と苦々しく、あきれた思いでいることでしょう。故人からのメッセージが来るのは、葬儀のときが多いものです。

参列する側も、それを受け取りやすくなっています。雑念を取り払い、亡くなった人のことだけを純粋に考えるようにしてください。

★遺族に寄り添う心

お香典やご霊前には、スピリチュアルな意味はありません。

これも昔、日本がまだ今ほど豊かではなかったころに、互助的な意味合いでしていたことでしょう。残されたご遺族のために、助け合いの気持ちで包んでいたものです。

ただし「お悔やみのときは新札は使わない」というマナーは、単なる儀礼ではなく、霊的視点からみても意味があるといえます。「お通夜のときから、黒でそろえた喪《も》の衣装をつけていかない」というマナーと同様に、まるで待っていたようだから、ご遺族がいやな気持ちになるだろう、というやさしい気配りが根底にあるからです。

「初七日をすぎたころが一番寂しいときだから」と考えて、そのころ家を訪ねていく人もいます。何も言わなくても、寄り添って、ただいっしょにお茶を飲むだけでいいのです。遺族には、その心が伝わります。看取りのときと同じで、言葉はいりません。

残された遺族が今どういう気持ちでいるかを敏感に察知して、さりげなく気を利かせる。こういう文化は、日本のすばらしいところです。

こういった心構えは、葬送のときだけでなく、人生のさまざまな場面に影響を与えるでしょう。

逆にいえば、葬送のときの態度を見れば、その人がどういう人かがわかるのです。どんなときでも、まず相手の気持ちを中心に考える。この大我《たいが》の愛をもっていれば、冠婚葬祭のマナー集などのハウツー本に頼らずとも、人生は豊かに輝いていくのです。

★お清めの塩、その本当の意味

最後に、会葬御礼としてもらうことが多い「お塩」についてもふれておきます。

お葬式から帰ってきて家に入るときに、「お清め」として肩などにかける習慣がありますが、もしお清めをしたいなら、精製食塩（化学的に製造された塩化ナトリウム）をかけても意味がありません。塩には浄化のエネルギーがありますが、それは天然の塩、海の塩がもつエネルギーだからです。海のパワーがこもった塩でなければ、お清めの効果はないのです。

本来、お葬式に参列したからといって、「お清め」など必要ありません。

これまで書いてきたように、死は決して不幸なことでも、忌《い》み嫌うべきことでもないからです。何か穢《けが》れたものでもついたかのように、お葬式の帰りに塩をふりかける習慣は、実は故人に対して失礼な行為です。

お葬式に参列したあとは、故人のことを心から思いやりながら、「この世をさまよったりせずに、浄化してくださいね」と言葉をかければそれでいいのです。

では塩はまったく無意味かというと、そうではありません。

お葬式の場には、やはり悲しみが充満しています。本当は悲しむべきことではないのですが、霊的真理をまだ理解できない人たちや、別れの寂しさにショックを受けている人たちが涙していることが多いでしょう。そういう場に立ち会うと、どうしてもマイナスのエネルギーの影響を受けやすくなります。それを祓《はら》うという意味では、塩は有効です。

とりわけ憑依《ひょうい》体質の人は、満員電車に乗ったり、病院の待合室にいるだけでも、体調を崩すことが多いでしょう。不特定多数の人が集まる場には、ネガティブなエネルギーも集まるからです。そういう場合も、家に帰ってから塩で体を清めてください。入浴時に塩を入れてもいいでしょう。

もちろん、自分自身の波長が高ければ、どんな場に行っても影響を受けることなく、自分本来の姿でいられます。塩の力を借りずとも、自分の力でコントロールできるようになるのがベストなのです。

ただ、塩には海、自然、地球のもつ浄化のエネルギーがあるということを知り、悲しみや疲労感など、ネガティブなものが多く集まる場所に行ったときには、そのエネルギーを借りるというのも、ひとつの知恵です。

意味もわからないまま、お葬式帰りに塩をふりかけるのではなく、大自然である海の力、そこから採れる塩の力を正しく理解して、上手に使ってください。

3.「埋葬」と「墓」～すべては執着を断つために

★お骨にすることで執着を断つ

葬儀が終わると、火葬、埋葬と続きます。火葬してから葬儀をすることもありますが、それぞれの地方の風習によるものでしょう。

火葬が急速に普及したのは、戦後のこと。それまでは、日本では土葬が中心でした。

遺体を火葬にすることを、「茶毘《だび》に付す」といいますが、これはインドの古い言葉が語源だそうです。お釈迦様も火葬にされたといわれており、日本に仏教が伝わってきたときに、身分の高い人や高僧などの遺体を火葬にする習慣ができたそうです。ですが、それはごく一部の人のこと。一般の人は土葬でした。

インドはヒンズー教の国。輪廻《りんね》転生《てんしよう》を信じているので、火葬にして焼いた煙が天に昇り輪廻すると考えるそうです。たましいを天に送るために、遺体を火葬にするわけです。

反対に、キリスト教圏である西洋では、火葬に対する抵抗は強かったようです。地獄の炎に焼かれるというイメージがあるからでしょうか。魔女裁判にかけられた女性が火あぶりにされた、ということからも、火刑という一種の刑罰のように思われていたようです。しかし現在においては、多くの地域で火葬が行われています。土葬にした場合、伝染病の恐れもあることが知られるようになったからです。

霊的視点からいえば、火葬は悪いことではありません。火葬にして骨にすることで、故人の執着、ご遺族の執着を断ちやすくなるからです。

執着のなかで強いのは、肉体に対する執着です。亡くなってもまだ「生き返りたい」と思う人は、自分の遺体に執着します。遺体を使ってたましいをよみがえらせるというゾンビ伝説は、そういう執着から生まれたものかもしれません。

もともと自分の肉体に執着をもたない人は幸せです。未浄化《みじょうか》にならずに、速やかに浄化できるからです。現世において、あまりにも容姿に恵まれていると、つい執着してしまうので、美男美女に生まれるのも考えもの、ということになるのです。

エジプトでミイラがつくられたのは、王によみがえってほしい、永遠に生きてほしいからです。そのためには、遺体を保存しておかなければいけなかった。これは、肉体への究極の執着ではないかと思います。

そんなに強く執着されると、故人は浄化できません。行くべき世界に行けなくなってしまいます。

ですから、火葬にしてお骨にするということには、大きな意味があるのです。

荼毘に付すこと、つまり立ち上る煙を見たり、出てきたお骨を拾うという一連の行為が、本人にも周囲の人にも強く「死」を自覚させることになります。それが大切なのです。

周囲の人にとって、一気に執着がなくなる、ということはないと思いますが、ご遺体に寄り添っていたときと、お骨を胸に抱くときを考えると、後者のほうが執着は少ないはずです。一連の行為を通して、少しずつ執着は減っていくのです。

それまで泣き通しだったご遺族が、火葬場にお骨を忘れていくことすらあると聞いたことがあります。あわてて取りに戻って、笑い話になるそうです。これは極端な例かもしれませんが、それぐらい執着が少なくなっているのはいいことだ、ともいえるでしょう。

★故人のたましいはすべてを見ている

本人のたましいも、葬儀、火葬、埋葬と続く一連の儀式を見ています。

もう少し詳しくいうと、リアルに葬儀や火葬の場に居合わせるのは、すでに死をすっかり受け入れている人か、あまりにも急に死が訪れたので、死の自覚がまったくない人、そのどちらかです。

だいたいの人は、この世に執着がありますから、幽現界のなかでうつらうつらしています。死の間際《まぎわ》の苦しみが大きかった場合も、そうです。それは、死のショックをやわらげたり、死の世界に順応しやすいようにするための計らいです。

「うつらうつら」といっても、眠っているわけではありませんから、現世で行われていることすべてが見えているのです。うつらうつらしながらも、葬儀や火葬を見て、瞬時にして何が起きたかを理解します。

この世を去ったたましいは、瞬時にすべてを把握することができるのです。こちらの世界にいる人間がその感覚を理解するのは、とても難しいかもしれません。それは霊能力者が相手を透視するのとよく似た現象です。故人は、現世に生きている霊能力者の能力がさらに高まった状態にいるわけです。

ですから、覚醒しないまま、うつらうつらしている人でも、葬儀や火葬の現場を「見ている」といっていいでしょう。そして前述したように、死後すぐにそれを受け入れ、覚醒している幸せな人と、その反対にまったく死の自覚がない人は、「うつらうつら」ではなく、葬儀や火葬の現場に、霊としてはっきり存在しているのです。

もちろん人の亡くなり方は千差万別ですから、一概には言い切れません。ただ、基本的には、そういう形で故人のたましいは存在し、この世の状況を見つめている、ということを理解してください。

だからこそ、死をめぐる一連の儀式は、とても大切なのです。

★献体・解剖の是非

では、遺体の献体《けんたい》や解剖《かいぼう》は、霊的視点からみてどうなのでしょうか。

献体とは、大学で行われる正常解剖のために、本人の意思で自分の遺体を提供するもので、生前に大学や専門の協会などに登録しておくことが必要です。

死亡が確認されたあと、遺族が各団体に連絡を取る必要がありますが、通夜や葬儀はふつうに行うことができます。その後、火葬場に行くかわりに大学病院などに向かうことになるのです。遺体は解剖後に火葬されますが、さまざまな処置に時間がかかるため、遺族のもとへお骨が返されるのは、一～二年後になるそうです。

もし故人が生前にその登録をしていたのなら、その意思を尊重するべきです。

ご遺族がイヤだからといって、献体をしないと、「せっかく医学に貢献するために登録していたのに」と故人は残念がるかもしれません。残された人が故人の意思を無視して好き勝手にしていいというものではないのです。

献体したいと思うのであれば、死後の無用トラブルを避けるためにも、「スピリチュアル・エンディング・ノート」に書くなどして、その意思をはっきりさせておきましょう。

病気や事故で亡くなった場合、解剖を求められる場合もあります。しかし、なかには人に体を見せたり、さわられたりするのが大嫌いだった、という人もいます。断ることのできる状況ならば、故人の個性を尊重して、断るのもひとつの選択かもしれません。

自分は死後、解剖されたくないという人は、生前からその意思を表明しておくほうがいいと思います。

しかし、どうしても断ることができない状況もあります。その場合はあきらめるしかありません。残された側も、「申し訳ないけれど、あきらめてくださいね」と、故人の霊に語りかけてあげてください。

解剖したとしても、その後、火葬するわけですから、同じことなのです。本人が気にさえしなければ、浄化の妨げにはなりません。

献体や解剖があるからこそ、医学の進歩があった、という側面は否定できません。できる限り本人の意思や個性を尊重するべきですが、自分の肉体に執着しすぎないよう、霊に語りかけると同時に、残された側も執着しないよう努めることが大切です。

★お墓はアンテナのようなもの

葬儀がすみ、火葬されてお骨になったら、今度は納骨《のうこつ》です。

遺骨をお墓に納めるわけですが、たましいがお墓に行くわけではありません。ここまでの内容を読んで理解してくださったならわかることですが、お墓に霊はいないのです。お墓とは、故人や祖先の霊と、生きている側が、互いの念を送受するためのアンテナのようなものです。お墓があるほうが、こちらの思いが届きやすいということ。前述した位牌と同じです。

お骨に限らず、遺品などにも、故人のエナジーがこもっています。そのエナジーを手がかりにして、故人と通信をとりやすいのです。

ですから、お墓はあればあったで幸せです。アンテナがあるほうが、テレビの映りはいいでしょう。けれど、必ずないといけないかというと、そうではありません。ないならないでいいのです。

お墓がないからといって、こちらの念が向こうの世界に届かないとか、供養《くよう》できない、ましてや故人が成仏《じょうぶつ》できない、などということは決してありません。

「立派なお墓を建てないと成仏できませんよ」という霊能力者は間違っています。

実際、お墓をもたずに亡くなった人は数多くいますが、みんな浄化できていないでしょうか。そんなことはありえません。

お墓の有無や、立派さと、故人が浄化できるかどうかは、まったく無関係です。

墓相を気にする人もいますが、それも関係ありません。どんな墓でも同じです。墓相にこだわることが悪いわけではありませんが、それは単に趣味嗜好《しゅみしこう》の問題であって、死後の世界や、浄化のシステムとは何らかかわりのないことなのです。

残された人が、故人のために大きなお墓を建ててあげた、という場合、亡くなってすぐのころなら「そこまでしてくれて、ありがとう」という気持ちになるかもしれませんが、ある程度、浄化が進めば、「墓なんてどうでもいい」ということになるのです。

お墓の立派さにこだわるのは、物質主義的価値観であり、浄化が進むということは、とりもなおさず、物質主義的価値観から脱却《だっきゃく》するということでもあるからです。

ですから、お墓に強くこだわりすぎている人のほうが問題だといえるでしょう。

「こういうお墓を建ててくれないとイヤだ」とか「お墓が傾いているのに、放ったらかされている」などということが気になって、浄化が進まないからです。

生きている人も同じように、どうでもいいことを悔やんで前に進めない、ということがありますが、それと同じです。

くり返しますが、お墓に霊はいません。いてはいけないのです。

それなのに、墓地での幽霊目撃談が多いのは、死んだらお墓に行くものと思いこんでいる人や、お墓への執着が強い人が、いつまでも墓地でさまよっているからです。

お墓に執着する必要はまったくありません。執着してはいけないのです。

この点を誤解して、お墓に大金を費やす人をよく見かけます。自分で納得して建てるのならいいでしょう。お墓をもつこと自体は悪いことではありません。お墓はアンテナ、つまり受信機ですから、たとえていえば、電話を一台多くもつようなものです。

けれど、墓とたましいの浄化は無関係です。

このことは、しっかり認識してください。「立派なお墓がないと故人が浮かばれませんよ」などという言葉に、決して左右されてはいけません。

★卒塔婆は故人へのメッセージ

卒塔婆《そとば》もお墓と同様、あればあったでいいけれど、なければないでいいものです。

お墓に卒塔婆を立てる宗派と、立てない宗派がありますが、そのことからもわかるように、卒塔婆とたましいの浄化は無関係です。でないと、卒塔婆を立てない宗派の人は浄化できないことになってしまうでしょう。

卒塔婆は故人へ宛てた「手紙」です。形になって立っていると、わかりやすいし、何度も読み返しができるというメリットがあるのです。

もし卒塔婆を立てないなら、お墓参りのときに念をこめて手を合わせればいいだけです。

そう考えると、卒塔婆は、ただお坊さんにお題目を書いてもらって立てるだけでは意味がないことがわかるでしょう。

残された人々が、そこにメッセージをこめることが大切なのです。

たとえば、「おじいちゃん、もうお酒のことは忘れてね」という思いをこめて立ててもいいでしょう。するとと幽界にいるおじいちゃんのたましいには常に「お酒のことは忘れてね」というメッセージが伝わるわけです。

別のメッセージをこめたい場合は、また新しく卒塔婆を立ててもいいし、同じ卒塔婆に、新しいメッセージをこめてもかまいません。

大切なのは、形ではなく、そこにどんなメッセージをこめるかということなのです。

卒塔婆の有無《うむ》だけでなく、宗教によってお墓の形態はさまざまです。しかし、どの宗教を信じているかによって、浄化できるかどうかは決まらないのと同様、どんな形式のお墓であろうと、故人のたましいの浄化、安らぎとは無関係なのです。

★お墓を建てるときの注意点

お墓はあってもなくてもいいものですが、お墓をもつということ自体は悪いことではありません。前述したように、霊界につながる電話をひとつ多くもつということだからです。

「長生きしたければ、生前に墓を建てればいい」とよくいわれます。けれど、寿命は宿命ですから、墓を建てるかどうかによって、命の長さが変わることなどありません。

ただし、一章で書いたように、死を意識することで、人生が充実します。

お墓を建てることで、今生きている時間の有限性が実感され、最期を見据えて今を生き抜く力が出てくるかもしれません。

そういう意味では生前にお墓を建てるのは、いいことだと思います。

けれど、お墓を建てなくてはいけない、ということではありません。別の方法がいくらでもあるからです。「スピリチュアル・エンディング・ノート」に書き記しておくのもそのひとつです。

「生きている間にお墓を建てると人が死ぬ」といわれることもあります。これも根拠はありません。ただ、自分の死をなんとなく予感した人が、自分の入る墓を建ててから死にたいと思うことがあるので、結果的に、墓を建てたから死んだ、というように見えるケースがある、ということです。

ですから、お墓を建てる時期にこだわる必要はありません。

ただし、まだ入るお骨がない場合は、地所を買うだけにするほうがいいでしょう。墓石まで建ててしまうと、別の未浄化霊がこれ幸いと勝手に宿ってしまう場合があるからです。

お墓を建てると決めたなら、まず気をつけたいのは、墓石に自然石を使うのは避けるということ。自然石を加工せずに、そのまま墓石に使うと、自然霊、とくに鉱物霊が宿りやすいのです。

鉱物霊にはエネルギーがありますから、それが雑音となって、念が届きにくくなります。カットしたり形を整えたりすることで、鉱物霊のエネルギーは弱まるので、墓石はきちんと整形してあるもののほうがいいのです。

一般的には、白御影石《みかげいし》がいいといわれていますが、ほかの石がいけないわけではありません。ただ、白御影石が一番明るくてきれいなのは確かです。

墓石に刻む文字にも、決まりはありません。

それでも「〇〇家の墓」という文字は刻んでおくほうがいいでしょう。名前や命日は、本来は刻まなくてもいいのですが、未浄化な霊だと自分の名前がないといって怒ることもあるかもしれません。刻んでおけば、誰がお墓に入っているかが子孫にもわかりやすい、というメリットもあります。

お墓の向きは、南向きか東向きがいいといわれています。南か東に向けてお墓を建てると、お参りをする人は、北か西を向くことになります。それがいいのです。北と西はエネルギーの強い方角なので、念が届きやすいのです。

この地上界でお墓を建てるのであれば、ある程度、そういうエネルギーの流れは大切に考えたほうがいいでしょう。

ただし、南東はダメ、などと細かいところまで気にする必要はないし、すでに建ててしまっているなら、そのままでも十分です。建てかえなくてはいけない、というようなものでは決してありません。

お墓の下にあるお骨を収める場所をカロウトといいますが、骨を土に返すためにはコンクリートで塗り固めないほうがいいでしょう。ただ、最近はコンクリートで固めているところがほとんどでしょうから、必要以上に心配することはありません。要は、骨に執着しなければいいのです。

「私はお墓はいりません」という人はそれでOKです。「共同墓地」や「納骨堂」などに、ほかの人といっしょに納めてもらうという形でも、まったく問題ありません。

独身の人や、子どもがいないのでお墓を継ぐ人がいない、という人は、「永代供養墓」に入るという方法もあります。「供養はいらない」と思っている人でも、実際問題として自分のお骨をどうするかと考えたとき、永代供養料を払えば引き取ってもらえるので、人気があるそうです。形としては、共同墓地と同じで、たくさんの人といっしょに入ることになります。

身寄りのない人は無縁仏《むえんぼとけ》として共同墓地に納骨されることが多いのですが、それも別に恥ずかしいことではありません。ひと昔前の人なら、「そんな寂しいのはイヤ」というこだわりがありましたが、今の人なら、どんなお墓でもこだわらないのではないでしょうか。その点は、執着がなくていいかもしれません。

★納骨は早いほうがいい

お墓はあるのに、なかなか納骨できなくて、自宅にお骨を置いている人の話をよく耳にします。それは執着にほかなりません。離れたくないという思いはわかります。けれど、それでは故人を愛していることになりません。

いつまでも故人のお骨を抱きしめるようにして暮らしている人を見ると、亡くなった人は心配でたまらず、後ろ髪をひかれて、行くべき世界に行けなくなってしまうのです。故人を本当に愛するなら、早く納骨をするべきです。

今は、小さな石碑のなかにパウダー状にしたお骨を入れて、いつでもお参りできるようにしたり、遺骨を加工してペンダントなどのアクセサリーにして、身につけておけるようにする方法もあるそうです。

本当に故人との通信の手段のつもりで、そういう「手元供養」を選択するならいいでしょう。

けれど、アクセサリーにして肌身離さず、となると、それは執着の一種ではないかと思います。「あの人がそばにいてくれるような気がする」という思いはわかりますが、故人に頼らずとも生きていけるだけの強さをもつことのほうが大事です。

私たちは、ひとりでこの世を旅するために生まれてきました。

生まれるときもひとりだし、死ぬときもひとりなのです。

もちろん、協力してくれる家族はいます。友人や恋人もいるでしょう。

けれど、最終的には自分ひとり。自分の足でしっかりと立ち、自分の力で生き抜くことに価値があるのです。

故人を忘れるほうがいいといっているわけではありません。

逆に、決して故人を忘れず、「今の私の生き方を見て」と胸を張って言えるような、強く潔《いさぎよ》い生き方をしてほしいのです。

故人が求めているのは、残った人が「自立した心」をもつこと。

それをしっかりと心に刻んでください。

相手への愛の証《あかし》として、お骨を食べたりする人がいるとも聞きますが、これは大きな勘違いです。冷静に考えてみてください。骨を食べることで相手と一体化できるなら、鶏《とり》の軟骨を食べれば鶏と一体化することになってしまうでしょう。

愛する人を亡くして、何も考えられないほど悲しいという人に対して、意地悪な言い方に聞こえるかもしれません。けれどお骨を食べるほどの執着心をもっているから、だからこそ悲しみや苦しみが大きくなるのです。そして、故人の浄化の足を引っ張っているのです。そのことに気づいてください。

死は決して永遠の別れではありません。霊的世界へ帰る日が来れば、必ず再会できます。今、故人は、あなたが強く生きている姿を励みに、浄化の旅を続けているのです。

★身内の争いからの分骨はタブー

お墓にもお骨にも、執着しないことが一番です。

お骨はただのカルシウム。たましいが宿っているわけでも何でもありません。

亡くなった人のお骨を分けて、二つの墓に入れる分骨についても、分けるだけなら問題はありません。家族の仲がいいから、きょうだいみんなにお骨を分ける、というなら、霊も喜びこそすれ、怒ったり悲しんだりしないでしょう。地方によっては、風習として分骨するところもあるぐらいです。

問題なのは、分骨にまつわる身内の諍《いさか》いです。遺産相続とか、愛情の比較などでもめて、分骨しようという騒ぎになることが多いのです。これは故人にとって、つらいものです。

たとえば先妻の子と後妻が、片方の父であり、片方の夫であった人のお骨を取り合うというケースがあります。私は何度も相談を受けましたが、いつも「争うぐらいなら、相手にあげてしまいなさい」と言ってきました。

お骨がなくても、供養はできるからです。

あるいは、長男と次男が遺産を争って、「自分がお骨を守るから、財産を多く相続する権利がある」と、互いに主張するケースもあります。まるでお骨に土地の権利書や通帳がついているかのような扱いです。

故人がそういう争いを無視できるような性格ならいいのですが、多くの人は遺族の争いを見ると、腹が立ったり心配になったりするでしょう。

とはいえ骨はただのカルシウムですから、「あの世で、故人の体がバラバラになって泣いていますよ」などと霊能力者に言われても、信じないでください。

この世で分骨したら、あの世で体がバラバラになるなどということが、あるはずがありません。もしそんなふうに言われたら、「それなら牛の霊は、あの世で『私のTボーンを返して』と泣いているわけですか？」と言い返してください。そんな笑い話のようなことはありえないのです。

分骨で体がバラバラになったりはしませんが、身内同士の争いは故人の大きな負担になります。

本当に故人のことを思い、心からの供養をしたいと考えるなら、お骨にこだわるよりも争いをなくすことです。お骨は相手に譲って、故人の心の平安を願える人が、本当に故人を愛している人だといえるでしょう。

★「夫と同じお墓に入りたくない」という人へ

「嫁ぎ先の墓に入りたくないんです」という相談もよく受けます。

姑《しゅうとめ》が嫌い、夫が嫌い。だから死んでまで同じ墓に入りたくない、というのです。

くり返しますが、人は死んで墓に行くわけではありません。同じ墓に入ったからといって、また同居するわけでも何でもないのです。

そう説明しても、それでもイヤだと言う人がいますが、それなら共同墓地に入ればいいのです。「実家の墓に入りたい」などと言い出すと、実家のほうでもなぜ嫁に出たはずの人が入っているのかわからなくなって、子孫に迷惑をかけるでしょうから、それはやめましょう。

その前にまず、「夫と同じ墓に入りたくない」と言い出すことの意味を、よく考えてください。

それほどイヤな夫なら、生きている間に離婚すればいいのではないでしょうか。

「離婚すれば食べていけないから我慢するしかない」と言う人がいますが、夫と死別してひとりで奮闘しながら子どもを育てている人はたくさんいます。ひとりでは食べていけない、などということは決してないはずです。

実際は、生活レベルを落としたくない、という甘え。夫の収入でいい暮らしを続けたいという依存心。そういうものが離婚を押しとどめさせているのです。

自分自身が、そういう暮らしを選択しているのですから、文句は言えないのではないでしょうか。

自分はいっしょにお墓に入りたくないほど嫌いな人に依存して生きている。その事実から目を背けずに、じっと見つめてください。

そして、改めて自分の人生を選択し直してください。

お金のため、生活のために、大嫌いな人の言いなりで過ごしながら、陰で文句を言い続ける一生でいいのか。それとも、苦労はしても、自分の力で人生を切り開いていくのか。

私はなにも離婚を奨励《しょうれい》しているわけではありません。「同じ墓に入りたくない」などという不満を抱いたまま生きるのはやめましょう、と言いたいのです。そのための方法ならいくらでもあるはずです。

結婚して家庭に入ったとしても、世の中に広く目を向けてください。新聞やニュースなどから社会情勢を学び、ものごとを深く考えて、さまざまな生き方があることに気づいてください。

そうやって外の世界に意識して目を向けていると、外で働く夫の大変さを想像することもできるようになるはずです。「我慢」ということをせずに働いている人など、どこにもいないのです。

もちろん専業主婦をしていても、プロとして家事をきちんとこなしている人、家族の健康に心を配り、多少のことは我慢して、ひたむきに生きている人はたくさんいます。自分の「生きる道」として覚悟を決めて主婦を選んだ人なら、「夫と同じお墓に入りたくない」とは言わないでしょう。

自分の甘えには、自分ひとりではなかなか気づけません。狭い世界で満足せず、さまざまな人と出会い、刺激を受けながら、常に自分自身の生き方を振り返ってください。

真に価値ある生き方を目指して、たましいを成長させてください。

人生の持ち時間は有限です。しかし、何かを始めたり、改めたりするのに、「遅すぎる」ということは決してないのです。

★形見分けの注意点

納骨もすむと、気持ちも少し落ち着いてくるでしょう。

亡くなった人が使っていた遺品は、名残惜しいかもしれませんが、お互いに執着をもたないためにも、早くしかるべき処分をするべきです。いつまでも置いておくのは、決していいことではありません。値打ちのある品は、親しかった人に形見分けをするというのもいい方法です。

ただし、故人の「思い」は尊重してください。

まだ完全に浄化したわけではないので、愛着のあったものへの未練は残っています。その大切なものを、快く思っていなかった人にあげてしまったりすると、それが悔しくてさまようことになりかねません。

お葬式のあわただしさにまぎれて、値打ちのある品を誰かにもっていかれた、という話もよく耳にするので要注意です。「ちょっと貸して」と言われてそのままになってしまったり、「私にくれるって言ってたのよ」と言われれば、それが本当かどうか確認する術《すべ》がないので、周囲の人は納得するしかないでしょう。

そういうことにならないように、大事にしているものがある人は、誰に譲りたいか「スピリチュアル・エンディング・ノート」に記しておくといいと思います。

形見をもらう立場になったときは、本当に故人の思い出として、もっていたいと思うなら、ありがたくもらっておけばいいでしょう。

けれど、それほどのつきあいではなかったので、いただいても困ると思うなら、「私では大事にできないと思うので」「もっと有意義に使ってください」と言って、断る勇気も必要です。

形見といわれると、もらわないと悪いような気がしますが、あとでもてあますぐらいなら、はっきりお断りするほうがいいのです。

既にもらったものなら、形見とはいえ所詮《しょせん》はモノですから、あれこれ気にせずに、大切に使わせてもらえばいいでしょう。

ただし、故人の念が入っている場合もあるので、貴金属や着物などの場合は、リフォームすればいいのです。もし、どうしても気になるようなら、神社にもっていって、お祓いをしていただくという方法もあります。

相続についても、やはり死後に揉《も》め事《ごと》の火種を残さないためには、「スピリチュアル・エンディング・ノート」にきちんと記しておくことが大切です。それがない場合、残された人は、故人の意思を想像し、尊重してください。

身内の争いごとが故人の浄化を妨げるのは、いうまでもありません。相続財産は、そもそも自分のものではないのですから、当てにするのは間違いです。詳細は拙著『スピリチュアル・ジャッジ』（三笠書房）に記しましたので、判断に迷うときは参照してください。

★ペットにも「行くべき世界」がある

ここでペットの死と埋葬についてもふれておきます。

今は空前のペットブーム。溺愛《できあい》していたペットが死ぬと、立ち直れないほどショックを受ける「ペットロス症候群」も話題になっています。

動物は、死ぬと人間とは別の世界に行きますが、二度と会えなくなるわけではありません。私たちが現世での人生を終えて幽界に向かうときに、再会できるのです。

前述したように、幽界は想念の世界です。「会いたい」という思いがあれば、すぐに会うことができます。人種も性別もなく、たましいだけの世界ですから、ペットとも、意思の疎通《そつう》が可能です。

ただ、動物には神我《しんが》（たましいの核ともいえる部分。真善美を尊《とうと》び、調和を愛する神と同じ心）がまだ芽生えていませんから、人間同士の語り合いのようなことはできません。けれど、「また会えたね」「かわいがってくれてありがとう」というぐらいの心の会話はすぐにできます。

ペットが死んだとき、身内を失うのと同じぐらいの喪失感《そうしつかん》と悲しみに襲われる気持ちはよくわかります。

しかし、ペットとも永遠の別れではないのです。あまりにも悲しみすぎたり、生き返ってほしい、などという執着心が強いと、ペットの浄化の足を引っ張ります。その点は、人間の死となんら変わりはありません。

ペットのお骨を、ずっと家に置いているという人もいますが、それは「いつまでも私のことを見ていてね」と頼んでいるのと同じ。行くべき世界に行けなくしてしまっているのです。くり返しますが、それは本当の愛ではありません。

ペット霊園などに納めて、「仲間のところへ行きなさい」と見送ってあげるのが、飼い主としての最後の務めであり、愛なのです。

使っていたケージやエサ入れなども、早く片付けるほうがいいでしょう。使い慣れたそれらのものに執着して、いつまでも居続けることもあるからです。

実際、死んですぐのころは、まだ家にいます。我が家でもサンタと名づけた大型犬を飼っていましたが、死んだあとしばらく、横たわるときのドサッという音が聞こえていました。「もう行きなさい。サンタ」と呼びかけると、名残惜しそうにしながらも、旅立ちました。

もちろん、死んだからといって、その愛犬や愛猫を忘れる必要などありません。写真を部屋に飾って、「忘れないからね」という気持ちをあの世へ送ってあげればいいのです。

新しいペットを飼ってもかまいません。「次のペットなんて飼う気になれない」と言う人もいますが、新しいペットを飼うほうが、死んだペットの供養になります。「もう自分の代ではない」ということを自覚させることができるからです。

ペットは人間がいないと生きていけない存在ですから、いつまでもそばにいたい、という気持ちが強いのですが、新しいペットがいると、もう行くべきところへ行くしかないとわかります。

私たちにとって、ペットを飼うという行為は、その動物に愛を注ぐことで動物の霊格《れいかく》を向上させるというボランティアでもあります。一度だけといわず、何度でもボランティアをすれば、それはすばらしい経験になるでしょう。

あの世へ旅立ったペットと再会できる日を楽しみに、また動物を慈《いつく》しみながら、充実した人生を過ごしてください。

動物たちは、愛する飼い主の幸せを、何よりも望んでいるのです。

第三章　供養〜天国のあの人との交流法

1. 本当の「供養」とは

★現世利益を願うのは供養ではない

一章では、死とは何か、死後の世界とはどういうものかを書いてきました。二章では、見送る側の心構えや葬送の習慣について見てきました。三章では、それらの理解をふまえて、真実の「供養《くよう》」について説明します。

ここまでの話を読んでくださった方なら、もうおわかりのことと思いますが、供養とは「形」ではありません。お墓参りをすること、命日やお盆にお供《そな》えをすること、それらはすべて「形」です。

霊的視点では、常に「思い」を重視します。

どういう気持ちでお墓参りをしているのか。どういう心でお供えをしているのか。それが大切なのです。お墓参りは月に何回するとか、お供えは何円以上で、などという「形」

は、どうでもいいことです。

供養の本質とは、亡くなった人のことを思うこと。

その人のことを忘れない、ということです。

思う気持ちさえあれば、どこにいても供養はできます。たとえお墓参りに行けなくても、通勤の電車のなかででも供養はできるのです。

逆に、「お墓参りに行けば、いいことがある」とか「立派なお墓を建てて、豪華な供物《くもつ》をすれば、家が繁栄する」などという考え方では、いくらせっせとお墓参りをし、お供えをしても、本当の供養にはなりません。

日本人は祖霊《それい》を大切にします。お墓参りも重視している人が多いでしょう。しかし亡くなった人のことを心から偲《しの》ぶというより、「私たちを何とかしてほしい」「守ってほしい」という現世利益《げんせりやく》の心で手を合わせていることも多いのではないでしょうか。

自分たちの現世利益を求める心から供養をしても、亡くなった人を癒《いや》し、浄化《じょうか》を助けることにはなりません。それでは供養とはいえないのです。

生きている人のこととして想像してみてください。

あなたも、愛する人や家族が自分のことを忘れていると寂しくなるでしょう。離れて暮らしていても、たまには思い出してくれて、手紙や電話をくれたりすると、とてもうれしくなるはずです。また、「贈り物をすれば、見返りがあるはず」と思っている人から何かもらっても、あまりうれしくないですね。それとまったく同じなのです。

生きている人と亡くなった人、生者と死者の間には、とてつもない隔《へだ》たりがあるように思えるかもしれませんが、実はそうではありません。

第一章で見てきたように、人は死んでも生きているときとまったく同じ。同じ個性をもち、同じように感じ、同じように考えるのです。

間違った霊能力者に「供養が足りないので、祖先がたたっていますよ」などと言われ、「お祓《はら》い」をしてもらって高額なお金をだまし取られるのは、「死んだ人のことはわからない」と思いこんでいるからです。

生きている人と、亡くなった人との間に境はありません。同じなのです。同じように喜び、同じように寂しがりもするのです。

そう考えれば、故人が何をされれば怒るか、どう扱われればうれしいか、誰でもわかるはずです。

故人の喜ぶことをするのが、本当の供養です。

もし本当に祖先がたたっているならば、なぜ怒っているのか、その原因を取り除くのが先決のはず。たんにお祓いをすればいいという話ではありません。

まず、生者と死者の境を取りはらって考えてみてください。

どうすれば亡くなったあの人は喜ぶだろう、と心を働かせて想像してみてください。

それが本当の供養の始まりです。

★故人を安心させる生き方を

何度も書いてきましたが、死は決して不幸なことではありません。

人生は旅と同じ。死は、現世での旅が終わりを迎えて、たましいのふるさとに戻るということです。

旅の終わりは寂しいものですが、決して不幸なことではないのです。

死ねば、肉体をもつがゆえの苦痛からは解放されます。病の苦しみ、人間関係のわずらわしさ、お金の悩み、すべてから卒業できるのです。定年になり、現役をリタイアして悠々自適《ゆうゆうじてき》になるのと同じです。

スピリチュアル・ワールドから見れば、現世で苦しみながら生きていくことのほうがよほど大変です。

ですから、たましいが現世に生まれ出るときは、こちらの世界では大喜びで迎えますが、あちらの世界では「大変なことになったね、がんばってきてね」と見送ります。反対に、亡くなるときは、こちらでは「気の毒に」と涙しますが、あちらでは「お疲れさま」と笑顔で迎えてもらえるのです。

つまり、スピリチュアル・ワールドとこの現世とでは、生と死に関する見方が正反対なのです。

その視点でみれば、亡くなった人は決して「気の毒」ではありません。供養してもらうのが必要なのは、むしろ生きている側だといってもいいでしょう。

もちろん、だからといって亡くなった人を粗末《そまつ》にしていいというわけではありません。

リタイアして楽になっているとはいえ、すんなり浄化できる人と、できない人がいます。すんなり浄化して幽界《ゆうかい》に進んだ人に対して、現世の人間がするべき供養と、なかなか浄化できずに幽現界《ゆうげんかい》をさまよっている未浄化《みじょうか》な人に対してするべき供養は、少し違います。

浄化している人に対しての一番の供養とは何か。

それは残された側が、心配や迷惑をかけない生き方をすることです。

いつまでも悲しんで立ち直れずにいる姿を見せたりすると、心配や未練が生まれて、幽界の上層部へと進めなくなってしまいます。

浄化とは、黒がいきなり白に変わる、というものではなく、少しずつグラデーションのように変わっていくものだと前述しました。いつまでも悲しんでいると、そういった故人の浄化のレベルアップを妨《さまた》げることになるのです。亡くなった人のことを思うからこそ、悲しむのだと思われがちですが、悲しみから立ち直れずにいることは、実際には相手を思うことにはならないのです。

愛する人がいつまでも悲しんでいると、誰でも心配になるでしょう。相手のことを本当に思う愛があり、すばらしい世界へ送り出してあげたいと思うなら、心配をさせないように、強く立ち直ることが必要なのです。

また、亡くなった人に頼みごとをするのも、心配をかけることになります。

お墓に向かって、「おじいちゃん、助けて」と頼みたくなる気持ちはわかります。けれど、それも亡くなった人に依存していることになります。現世利益を求めているだけで、本当に亡き人のことを考えているとはいえません。

厳しい言い方になりますが、故人は、願いごとをかなえてくれる魔法使いではないのです。この点を間違えないようにしてください。

故人を本当に大切にしたいと思うなら、第一にするべきことは、心配をかけないように、家族間の争いをなくすなどして、故人に恥じない暮らしをすること。

そして、真に価値ある生き方とは何かということを意識しつつ、たましいを向上させようと努めることです。

すると、幽界にいる故人のたましいも同化して、浄化のレベルを上げていきます。それこそが、本当の供養なのです。

次に、未浄化な人、つまり自分が死んだことを理解したり納得したりできない人や、現世への未練が強すぎる人に対してするべき供養ですが、その場合は、どんなに儀礼的なことを尽くしてもなかなか通じません。

供養する側が、生きる姿勢や態度で具体的に示すことが必要です。

たとえば、お酒が大好きで、お酒のために身をもち崩して亡くなった人の場合、お酒への未練が強くて浄化できないことがよくあります。そういう霊を供養するには、生きている側がきちんと自己コントロールし、酒は飲んでも飲まれない、という生き方をしてみせなくてはいけません。

よく「子は親の背中を見て育つ」と言いますが、供養はその逆です。「親が子どもの背を見て育つ」。つまり、亡くなった人が生きている人の生き方を見て学び、育つ（浄化する）のです。

いずれの場合も、現世を生きる私たちの生き方そのものが一番の供養になる、という点は共通しています。形だけお墓参りをすることよりも、今の自分の人生を少しでもよく生きようと努めることが大切なのです。

そして、できる限り故人のたましいに話しかけてあげてください。

肉体はなくなっても、たましいは生きているときと何も変わりません。故人のたましいは私たちが毎日かけるその言葉を聞いて、ハッと気づいたり、喜んだりします。

つまり本当の供養とは、私たちの生き方を見せ、話しかけることによって、故人の浄化を促《うなが》すことなのです。このシンプルな原則をぜひ心に刻んでください。

★供養の仕方を見れば「人格」がわかる

本当の供養をすること。それはとりも直さず、本当に相手を「愛する」ということでもあります。

愛には、二種類あります。大我《たいが》の愛と小我《しょうが》の愛です。

大我の愛とは、自分には何の見返りも求めず、ただひたすら相手のことを考えて、相手に尽くす愛のことです。自分の欲も得も捨てて、ただ相手の幸せを願う心。それが大我の愛です。これこそが真実の愛だといえるでしょう。

小我の愛とは、自分がかわいい、という気持ちです。自分が得をし、快楽を得ることを求める心。これが小我の愛です。わがまま、といってもいいでしょう。

多かれ少なかれ、私たちはみんな小我の愛をもっています。だからこそ、幸せになれずに、日々もがいているともいえるのです。

大我の愛をもって行動するとき、人が不幸になることは決してありません。「滅私《めっし》」＝私を滅《ほろ》ぼしたりすれば、自分だけが苦しみ、不幸になる。そう誤解されやすいのですが、違います。「私」の欲望を捨てて、ただひたすら相手のことを思う愛を抱くとき、人が不幸になることは決してないのです。

私たちは、小我の愛を捨てて、大我の愛を抱けるようになるよう、日々、学び続けていかなくてはいけない存在です。

自分のわがままを捨てて、人のために生きることができるようになったとき、初めて幸福が訪れる。その真実を体感するために生きている、といってもいいくらいです。

だからこそ、どういう供養をしているかを見れば、その人の人格がわかるのです。その人が幸せになれる人かどうかもわかります。

具体的に説明しましょう。たとえば、自分のことだけを考えて、お墓や仏壇に願い事をしている人は、心にまだまだ小我の愛が多い人です。

反対に、亡くなった人のことを心から思い、自分の生き方を省みて、日々たましいを向上させようと努めている人は、大我の愛を知っている人。本当に人を愛せる人だといえるでしょう。

どちらの供養をしているかを見れば、その人が本当に人を愛せる人かどうか、幸せになれる人かどうか、一目瞭然《いちもくりょうぜん》です。供養の仕方、亡くなった人への対し方、命への目の向け方を見れば、その人がどういう人なのかがわかるのです。

スピリチュアリズムの二大法則、「波長の法則」と「カルマの法則」に照らし合わせてみても、よくわかります。

「波長の法則」とは、類は友を呼ぶという法則。その人が出している波長と同じ高さの波長をもつ人が集まってくるということです。

高い波長を出している人のそばには、高い波長の人が寄ってきますから、人間関係に恵まれます。反対に、低い波長を出している人のそばには、低い波長の人が来ますから、妬《ねた》みや裏切りやケンカなど、人間関係のトラブルが多くなるのです。

大我の愛を抱くとき、人は高い波長を出します。ですから、同じように人を愛せる、心豊かな人が周囲に集まってくるのです。小我の愛を抱いていると、低い波長しか出せません。同じように自分のことだけがかわいいと思っている人が周囲に集まってくるので、トラブルが絶えないのです。

「カルマの法則」とは、自分で蒔《ま》いた種は自分で刈り取らなくてはいけない、ということ。いいことも悪いことも、自分がしたことはすべて返ってくるという法則です。

心から相手のことを考え、真実の愛に満ちた行動をとっていれば、同じように真実の愛が返ってきます。逆に、自分の利益ばかりを願っていると、同じように自分の利益ばかりを願う人に依存されたりして、迷惑をこうむることになるでしょう。

この二つの法則から考えても、どういう供養をする人が幸せになれるのか、はっきりするでしょう。

自分のための小我な現世利益など考えず、大我の愛をもって、ひたすらに故人の幸福を願って手を合わせること。そのための生き方を模索し続けること。そういう供養のできる人こそ、たましいが豊かに成長するのではないでしょうか。

2．死の受け入れ方、供養の仕方〜大切な人を未浄化霊にしないために

今まで述べてきたように、死は決して悲しいことではなく、本人にとっては安らぎです。それを頭で理解したつもりでも、心が追いつかないこともあるでしょう。今までそこにいた人がいなくなる。その喪失感《そうしつかん》は、はかりしれません。けれど、霊的真理を心の底から理解すれば、その大きな苦しみをも乗り越えることができるのです。

この項では、親しかった人の死をどう受け入れればいいか、その浄化をどうサポートすればいいかということについて、ケースごとに考えていきたいと思います。

それは、「本当の供養とは何か」ということを、より深く理解することにもつながるでしょう。

★死に際の苦しみが大きかった場合

事故にしろ、病気にしろ、亡くなる間際《まぎわ》の苦しみが大きかった場合、ご遺族はそれがか

わいそうに思えて仕方がないでしょう。愛している人の苦しみは、自分の苦しみのように感じられるものです。

しかし前述したとおり、見ている側からは苦しんでいるように見えても、それはただ肉体から幽体《ゆうたい》と霊体《れいたい》が離れようとしているもがきである場合も多いのです。脱ぎにくい洋服を脱ぐとき、もがくように体をよじるのと同じ。見ている側は「なんて苦しそう」と思うのですが、本人はさほど苦しんでいないのです。

ただ、緩和《かんわ》医療の技術が下手なせいで苦しみが激しかった場合は、亡くなってもまだ苦しみが続いていることはあります。

生きている人もそうですが、痛い思いをしたあとは、治ってもまだ痛いように思えたり、また痛くなるのではないかと心配になったりするでしょう。

それと同じように、死んで、肉体を離れたから、もう痛みはないはずなのに、亡くなるとき「苦しい」と思っていると、いつまでも「苦しい」と思い続けてしまう場合があるのです。

つまり、気持ちが痛みを引き起こしているのです。

ですから、「もう苦しくなくなったよ。よかったね」と声をかけてあげてください。痛みを生み出していた肉体はもうないのです。たましいだけの存在に戻ったのです。それを言い続けてあげましょう。

すると、幽現界にいる故人のたましいもハッと気づくときが来ます。「あ、もう痛くない」「ラクになっている」と。

その気づきによって、本人も死を受け入れることができるでしょう。

死とは苦しみの継続ではありません。癒しであり、安らぎです。

それを理解できる瞬間が、誰にでも訪れるのです。

★「苦労ばかりの人生だった」と思う場合

たとえば戦中戦後を生き抜いてきた人たちが亡くなると、「苦労の多い人生だったな」としみじみ思うことがあります。家族は「もっと楽しいこともさせてあげたかった」と悔《く》やむ気持ちも出てくるでしょう。

けれど、逆にいえば、今はもう苦労から解き放たれたわけです。安らかになれたのですから、悲しいことではありません。

また、私たちが現世に生まれてくるのは、「苦労」をするためだともいえます。

「つつがない人生を」と多くの人が願いますが、それでは生まれてきた甲斐《かい》がないのです。

さまざまな困難に遭遇《そうぐう》し、悩み苦しみながらも、それを自分の力で乗り越えていくことによって、たましいは磨《みが》かれ、豊かに輝きを増します。

苦労が多いわりに、地位や名声、お金などとはほど遠かった、という人生もあるでしょう。けれど、人生の豊かさはそういう物質ではかれるものではありません。

いかにして人生の困難に挑み、前向きにたましいを向上させてきたか。

その点に注目してください。苦労は多かったけれど、それをたましいの糧《かて》にして、すばらしい人生を生き抜いてきたと思えるなら、何も気の毒に思う必要などありません。人生の後輩として、その生き方から学びましょう。

ただし、戦争などの、その時代ゆえの苦労、不可抗力としての苦労と、自分の心が生み出している苦労は違います。

多くの人は、自分の心の未熟さゆえに、しなくていい苦労をしているのです。

たとえば先に挙げた「夫と同じお墓に入りたくない」という人は、自分では「苦労の多い人生」だと思っているでしょう。けれど客観的に見れば、それは自分の打算が招いた結果なのです。本当にどうしようもない夫なら、離婚するという道もあったのに、それをせずに、嫌いな夫といっしょに暮らすことを「苦労」とはいいません。

仕事が長続きせずに転職をくり返す人、似たような不倫をくり返す人なども同じです。自分では「苦労ばかり」と思うかもしれませんが、それは「身から出たサビ」。本当の苦労ではありません。

そういうニセの苦労をしてきた人は、妙にいじけた心をもってしまいがちです。謙虚とはまた違って、「私なんか、どうせ」と思いがちなのです。向上欲がないことも多いので、きちんと浄化できない場合もよく見られます。

本当の苦労とは、たとえば夫の親を引き取って面倒を見るなど、自分のたましいのポテンシャルを広げるような行為をいいます。

今の自分では少し無理かもしれない。けれど、がんばってみよう。そう思えることにチャレンジすると、確かに苦労はするでしょう。けれど、それを乗り越えたとき、確実にたましいはレベルアップします。そういう苦労が、本当の苦労です。

本当の苦労の連続だった人なら、その人生は賞賛に値《あたい》します。拍手で見送ってあげればいいのです。また、そういう人は浄化もスムーズです。何も心配する必要はありません。

自分の心が招いた苦労が多かった、という人を供養するには、生きている側が、本当の苦労をしている姿を見せることです。

故人がハッと気づけるような、すばらしい生き方をしてみせてあげましょう。

★若くして亡くなった場合

亡くなった年齢が若いと、残された側は、さぞ無念だったろうと胸がしめつけられる思いでしょう。

けれど、幸せは命の長さでは決まらないということは、前述したとおりです。長ければ幸せ、短ければ不幸というものではありません。その人生のなかで、どんな学びができたか。大切なのはその点なのです。

また、若ければ若いほど、あちらの世界への順応は速いものです。幼い子どもなどはすぐに順応します。

確かに、二十歳ぐらいで亡くなると、「もっとしたいことがたくさんあったのに」と残念に思う気持ちは本人にもあるでしょう。そういう場合は、「向こうの世界で、したかったことを思う存分やりなさいね」と話しかけてあげましょう。

幽界には、現界にあるものは何でもあります。この世と変わらないのです。勉強でも旅行でも、やりたいことは何でもできます。

ただ恋愛だけは、肉体がないので、この世と同じというわけにはいきません。肉体から生じる性欲自体がなくなるからです。けれど、心のなかで憧《あこが》れる気持ち、すてきだなと思う気持ちは、もちろんあります。そういうプラトニックな恋愛ができる世界なのです。青春を謳歌《おうか》することもできるので、何も心配することはありません。

補足しておくと、幽界の下層部では、色情的な恋愛沙汰《ざた》はあります。依存症的にお酒を飲んで酔っ払う霊もいますが、それと同じこと。肉体はないわけですから、もう飲めないのですが、飲んだ気になって酔っ払っているわけです。

そういう下層部だと、思いの上では性欲も出てきます。ただ、それは本当に異性を求める性欲というよりは、心の寂しさを癒したいとか、何かを征服したい、という別の欲望です。

現世においても、性的な事件をひき起こすのは、性欲というより、別の満たされない思いが形を変えて出てきている、というケースが多いでしょう。

そういう心の闇《やみ》を抱えた人が亡くなると、いつまでも幽現界をさまよい、生きている人に憑依《ひょうい》して、また事件を起こしたりすることもあるのです。

幽界まで進むと、自分が死んだという自覚があるし、現世の人間に憑依するということはありません。その点では、幽現界をさまよう霊よりはましです。

けれど心の葛藤《かっとう》を抱えたまま、そのはけ口を求めている同じような霊が集まりますから、色情沙汰も起きます。あまりひどい場合は、幽界にある警察のような存在に逮捕されることもあるのです。幽界には、現界にあるものは何でもあります。

幽界の下層部に行ったたましいは、そこで自分と同じようなことをしている人を見ているうちに、「いつまでもこれではいけない」と気づきます。それが浄化です。

生きている側にできることは、霊的真理を理解して、故人の浄化を心から願うことです。むやみに悲しんだり、無念がったりすることは、故人の浄化の妨げになることをぜひ理解してください。

★愛する恋人を失った場合

もう少しで完成するはずだった仕事がある、結婚直前の恋人がいる、というように、現世に強い執着《しゅうちゃく》を残して亡くなった場合も、残された側は、痛ましい思いがするでしょう。けれど、寿命は宿命です。定められた命の時間を精一杯生きたのであれば、悔やむことはないのです。

生きている側は、それらの執着を早くなくすように話しかけてあげてください。仕事を引き継いで完成させるなど、故人の心残りを少なくしてあげるようにするのもいいでしょう。

確かに、結婚直前の恋人を失うということは、本当に大きな痛手です。苦しくてなかなか立ち直れない気持ちはよくわかります。それでも故人の幸せと浄化を願うなら、心配をさせないように、一日も早く笑顔を取り戻しましょう。それが本当の愛です。

そういうときこそ、大我の愛を胸に抱いてください。自分のことは二の次にして、ただ相手のことだけを考える愛。ひたすら相手に尽くす愛です。

肉体は滅びても、たましいは永遠です。また会える日が必ず来るのです。

恋人は別の世界へ旅立っただけ。生きているときと何も変わりません。そう考えれば、どうやって今を生きれば故人は喜ぶか、それを想像できるようになるはずです。

歌劇『椿姫』でも、ヒロインのヴィオレッタは、死の直前に、最愛のアルフレードに対して「もし愛する人ができたら、私のことは気にせず結婚してください」と言います。

愛する人の幸せを本当に願うならば、相手にいつまでも悲しんでいてほしくない、誰かといっしょに幸せな人生を歩んでほしい、そう思うようになるのです。

「愛する人を私だけのものにしたい」という思いは、小我です。

小我の愛しかもてないとき、人が幸せになることはできません。

愛する人と死に別れること。しかもこれから先、ともに生きていける幸せな人生があったはずの人と別れること。その経験は本当に大きな試練です。

けれど、決して乗り越えられない試練ではありません。

生きている側も、亡くなった側も、ともに大我の愛を相手に向けることです。

そうすることで、二人ともに大きな愛に包まれます。

大我の愛は決してなくなることはありません。やがて会えるときが来るまで、その愛を胸に抱いて、新しい人生をひたすら歩んでください。

難しいことに思えるかもしれません。けれど、この試練を乗り越えたとき、以前にもまして人の痛みを心から理解し、寄り添えるようになっているでしょう。そして、たましいは、より深い輝きを放つようになっているのです。

★幼い子どもを残して亡くなった場合

現世に残した未練のなかで、まだ幼い子どもがいる、ということは、一番大きな問題になります。仕事や恋人を残してきたという場合とはまた違う、特別な執着が残るからです。

こういう場合は、浄化しづらいかもしれません。これは仕方のないことです。やはりまだいとけない子どものことは気になります。よちよちと歩き始めた、少しずつしゃべり始めた、といったかわいい盛りの子どもであればなおさらです。どうしても子どもの様子を見ようとして、なかなか行くべき世界へ行けないのです。

生きている側は、「心配しないで。大丈夫だから」と声をかけてあげればいいのですが、子どもがまだ幼いと、なかなかそうも言えません。「いつも見守っていてね」という気持ちを抱いてしまうのも、仕方がないことです。

この場合は、未浄化霊とはいいません。

未浄化霊とは、あてもなくさまよう霊のこと。この場合は、子どもの成長を見届けるという目的があってのことです。自分の強い意志によって、自己責任でとどまっているのですから、未浄化霊ではありません。

行くべき世界へ行かなくてはいけないことは、本人が一番よくわかっています。けれど、どうしても子どもがある程度の年齢になるまでは行けないと思っているのでしょう。成長して、これでもう大丈夫と思えたとき、初めて浄化できるのです。

ですから、焦《あせ》る必要はありません。

生きている側は、ある程度、子どもが成長して自立できたときに、「もう大丈夫です。今までありがとうございました」と声をかけて、区切りをつければいいでしょう。

そのときまで、故人はそばで見ていてくれます。

親をなくして生きていく子どもは、確かに苦労はするでしょう。けれど、その苦労は必ず身になる苦労です。前述したような「身からでたサビ」とは違い、たましいを豊かにする本当の苦労ですから、大丈夫。何も心配はいりません。

ひとりで子どもを育てることもまた、大変な苦労を伴います。けれど、それも豊かな実りをもたらす苦労です。亡くなった人は目には見えないけれど、必ず見てくれている、ということを話してあげながら、日々の暮らしを大切に紡《つむ》いでいきましょう。

私が霊視したケースでは、亡くなった父親が、自分の大切にしていたTシャツのコレクションをパッチワークして、子どもの肌かけをつくってほしいと言ってきたことがありました。奥さんに聞いてみると、実際にたくさんのTシャツが遺品として残っていたのです。奥さんはメッセージどおり、それをつなぎあわせて、子どもの肌かけにしたそうです。父親は自分の腕で子どもを抱くことはできなくなりましたが、そのかわりに大切にしていたTシャツのコレクションに思いを託して、子どもを抱きしめたかったのでしょう。

願いのこもったTシャツに包まれて眠る子どもに、その愛は必ず届きます。

愛する妻や夫であり、子どもの親であるパートナーを失うということもまた、大きな試練です。けれど、やはりこれも乗り越えられない試練ではありません。

たましいは永遠であることを理解してください。

そして、大我の愛に満ちた人生を、子どもとともに歩んでください。

★自殺の理由がわからない場合

身近な人が自殺をした。これは大きな衝撃です。

自然死とは違い、自ら死を選ぶということは、残された人にさまざまな問いを投げかけずにはいないでしょう。

どうして自死を選んだのか、自分はなぜ助けてあげられなかったのか。悔《く》しい思い、苦しく切ない思いが胸に渦巻くと思います。とりわけ家族にとって、その衝撃は大きくのしかかるでしょう。

自殺とは、自分で選んだ宿命のもと、自分にふさわしい学びをするために生まれてきたのに、途中でそれを放棄《ほうき》してしまうということ。たとえれば、自分で希望して入った学校を自ら退学するようなものです。次に生まれてくるときは、また一から単位を取り直さなくてはいけません。

今生《こんじょう》でつまずいたのと同じ課題を乗り越えられるまで、何度も同じことをくり返すことになるのです。この現世を生き抜くことのほうがはるかにラクだといえるでしょう。

確かにそれは、たましいにとって、ひとつの失敗だといえます。

けれど、失敗をしない人などどこにもいません。誰だって困難を乗り越えられずに、逃げることがあるでしょう。それもいわばプチ自殺といえるのです。

日本には、自殺を呪《のろ》われた出来事であるかのように考える風潮がありますが、それは違います。ほかの多くの失敗と同じ。もう一度、乗り越えるための努力と苦労をし直さなくてはいけなくなった、ということなのです。

自殺の理由がわからない場合、生きている側は混乱するでしょう。けれど、理由はわからなくてもいいのです。自殺したことが事実なら、それは受け止めるしかありません。何かつらいことがあったということ。それを人には話せなかったし、周囲の人は気づいてあげられなかったということ。それは事実です。

つらいでしょうが、その事実は冷静に受け止めなくてはいけないことです。どうしても理由が知りたいというのは、厳しいようですが、故人のためではなく、自分が納得したいためではないでしょうか。無理に詮索《せんさく》しても、故人が喜ぶとは限りません。何も言い残さずに逝《い》ってしまったということは、言いたくないということ。その思いを理解してあげることが大切ではないでしょうか。

理由を周囲が理解しなければ、故人が浄化できない、ということはありません。それよりも、「もう一度、やり直しだね。がんばって」と励ましてあげましょう。今生で越えられなかったハードルを、今度は越えるために、一から努力をし直す。そういう課題を背負ったたましいに必要なのは、現世を生きる私たちからの心からの励ましと、私たち自身が困難にくじけず、現世を力強く生き抜く姿を見せることだけなのです。

自殺については、拙著《せっちょ》『いのちが危ない!』(集英社)に詳述《しょうじゅつ》しているので、それを参照してください。

★流産で子どもを亡くした場合

生命の誕生は、神秘的なものです。精子と卵子が結合し、子宮に着床《ちゃくしょう》する。そういう科学的な説明だけでは解釈しようのない出来事がたくさん起こります。妊娠、出産はとてもスピリチュアルな事象なのです。それは、人が肉体だけの存在ではない、ということの証左でもあるでしょう。たましいが肉体に宿る。それが命の始まりです。命とは、そもそもスピリチュアルなものなのです。

七四〜七六ページで説明したように、第二の死を経て霊界に入り、グループ・ソウルに戻ったたましいは、再生を決意します。そして自分で今生の課題を選び、その学びに必要な親を選んで生まれてくるのです。

子どもはよく「産んでくれなんて頼んだ覚えはない」と憎まれ口をたたきますが、それは違います。

人はみんな自分で親を選んで、現世に生まれ落ちてくるのです。けれど、生まれ落ちる前に死を迎えるたましいもあります。流産によって、自然にあの世へと旅立つたましいです。

それは、ほかの死と同様、自らのたましいの学びとなる場合もあるし、流産を経験する親の側の学びとなる場合もあるでしょう。奇跡のような確率でこの世に生まれ出るということ。その貴重さ、かけがえのなさ、命のいとしさが、お互いにしみじみと理解できるはずです。

せっかく宿った命を胸に抱くことなく見送らなくてはいけないとき、残念な思いはひとしおでしょう。まだ生まれていない、というだけで、確かな命であったことは、誰よりもそれを宿した母親自身が痛いほどわかっているからです。

けれど、いつまでも悲しんだり、悔やんだりしていては、子どもが安心して旅立てません。それは、幼い子どもを見送る場合と同じことです。

いつまでも泣いてしまうのは、心の奥に「自分がかわいそう」という気持ちがあるからです。子どもに目を向けるのではなく、自分の寂しさに目を向けているのです。厳しく聞こえるかもしれませんが、その点をどうか理解してください。

ただし、忘れる必要はありません。いいえ、決して忘れないでください。

「生まれていれば、今、○歳になった」などと考えて、常に心のなかで育てていくこと。それが供養になります。

「死んだ子の年を数える」という言い方があります。むなしいこと、しても仕方がないことのたとえとして使われるようですが、とんでもない間違いです。

霊的視点からいえば、死んだ子の年は数えるほうがいい。数えてあげるべきなのです。幼児霊は、向こうの世界でおおよそ二十歳になるころまで成長します。その成長を心で思い描きながら、会える日を楽しみに、心のなかで育ててあげましょう。

名前をつけてあげるのもいいことです。性別がわかればそれにふさわしい名前を、わからなければ、どちらでも通用する名前をつけてあげましょう。もし弟や妹が生まれたら、「あなたには、きょうだいがいたのよ」と話してあげてください。おいしいものを食べるときは、心のなかでその子にも食べさせてあげましょう。

そうやって日々の暮らしのなかでその子に気持ちを向けることはできるはず。それこそが供養になります。

子どもが求めているのは、ただひとつ。親の愛です。

それは、生きている子どもでも、亡くなった子どもでも同じなのです。

★中絶をした場合

中絶については、霊的視点からいえば、基本的には賛成ではありません。

ただし、これも臓器移植と同じで、その動機によって是非《ぜひ》が変わります。

中絶をしなければ、母体が危ないというケースもあるでしょう。子どもをとるか、自分の命をとるかという場合、どちらが正しいということは誰にも言い切れません。ほかにも子どもがいるなら、その子のために母体の命を優先させる選択もあるでしょう。それはケースバイケースで、一概に断定できる問題ではありません。

いえるのは、そこで生じる葛藤こそが大切であるということ。そのなかに貴重な学びがあるということです。

無計画に妊娠し、かんたんに堕胎《だたい》するのとは、動機がまったく違います。無計画な妊娠と中絶は、命に対する軽視であり、厳しい言い方をあえてすれば、殺人と同じなのです。

やむをえず中絶をした場合は、前項で書いた流産と同じように、子どものことを決して忘れず、心のなかで育ててあげてください。命を奪ったその罪は、自分がずっと背負っていく。それぐらいの気持ちでいてあげてほしいのです。

「中絶した子どもの霊がたたっていますよ」と言って、「水子供養《みずこ》」と称し、高額のお祓い料を取る霊能力者もいますが、そんな口車に乗ってはいけません。

そもそも水子など、亡くなった子に対して失礼なネーミングです。水に流した子、あるいは流したい子、という意味かもしれませんが、歴然として存在するたましいに対して、あまりにも愛がありません。

幼児霊がたたる、などということは、ほとんどありません。

たたるとすれば、よほど冷たい仕打ちをされたからです。子どもが求めているのは親の愛だけなのですから。たとえ何か霊障《れいしょう》のようなことがあったとしても、それをお金を出して祓ってもらい、何とかしようとするのは、捨てた子にさらに鞭《むち》打つようなひどい仕打ちです。

罪悪感からお地蔵さんを建てたり、お寺に寄進したりする場合もありますが、そういうお金やモノで、心は慰められません。

心には、心で応《こた》えるしかないのです。

それは、生きている人間でも死んだ人間でも同じこと。都合の悪いことはお金で解決しようとする。それは供養ではなく、ただの厄介払いです。

別の見方をすれば、そういう心がけで生きているから、悪いことが起きる、ともいえます。何でもお金で解決しようとするその姿勢が、現実の人間関係に影響しないはずがありません。供養の仕方を見れば人格がわかる、というのは、そういうことです。

中絶をした、という事実を隠したい場合もあるでしょう。けれど、それも自分の体裁のためです。亡くなった子どもの霊は何も悪いことはしていません。なのに、存在を隠される気持ちを想像してみてください。

たとえば以前つきあっていた人との間にできた子を中絶した、というような場合、今の恋人や夫には言いにくいでしょう。もちろん、そういうことでも言える相手のほうがいいのですが、そうではない場合、無理して告白する必要はありません。

けれど、せめて自分の心のなかでは、そのたましいの存在を忘れずにいてください。その子のことを思って生きてください。

すべての命の成り立ちと行く末を想像し、すべてのたましいの存在を大切にする。そういう姿勢をもって生きるということ。

その豊かな価値に気づいてこそ、自分自身の命もまた輝きを増すのです。

★戦死をした場合

最後に、戦争で命を失った人のことについてもふれておきます。

終戦からもう六十年以上たち、戦争体験の風化がいわれて久しいのですが、今の日本の平和は、あの戦争で散った多くの命の犠牲《ぎせい》の上に成り立っていることは事実です。

亡くなった兵士たちは、国を守るというより、自分の愛する家族を、愛する人を守るために、死んでいったのです。前述したように、その死は、平和の尊《とうと》さ、命の大切さをこれ以上ないほど強く私たちに訴える、という貢献をしています。彼らの霊を供養することは、今の日本を生きている私たちの義務といってもいいでしょう。

戦地で亡くなった場合、お骨がご遺族のもとに戻らないこともあったでしょう。けれど、お墓や埋葬の項で説明したように、たとえお骨が野ざらしになっていても、本人の心しだいで浄化はできています。

あの時代の人は気骨がありましたから、自分の死を覚悟して戦地に赴《おもむ》いていたでしょう。命を落としたときも、すぐに自分が死んだという自覚はできていたはずです。

その証拠に、戦地に赴いた夫や息子が夢枕に立った数日後に、戦死の知らせが届いた、という話はよく聞きます。実際、たましいは死を自覚して、故郷の愛する人のもとに戻ってきているのです。決して未練がましくさまよって、未浄化霊になったりはしていません。「愛する人を守るために自分は死ぬ」という決意が、しっかりとできていた、ということでしょう。

ですから、戦死した人が浄化できていないのではないか、という心配は杞憂《きゆう》です。

戦地に赴いてお骨を捜す人もいますが、本来はお骨にそれほど執着しなくてもいいのです。本人のたましいはすでに行くべき世界へ行っています。

ただ、それでもお骨が野ざらしになっているのは忍びない、という気持ちはよくわかります。お骨を拾いに行くというより、その地に残した「思い」を拾いに行っておられるのでしょう。

戦友がそこで銃弾を浴びて死んだ。自分たちは生き残った。それがつらいから、せめてお骨を拾うことで、戦友を救いたい。あのときは救えなかったかわりに、今、それを果たしたい。そういう気持ちはよくわかります。

客観的にみれば、それは故人のためというより、自分の罪悪感を浄化させるための行為、ということになるかもしれません。けれど、何ごとも動機しだいです。そこまで相手を思う気持ちがあるなら、故人もきっと喜んでいるでしょう。

実際、仲間を助けるために、「お前だけは生きろ」と言って血まみれで息絶えた戦友もいたでしょう。同じ釜《かま》の飯を食い、ともに苦労した戦友を見捨てて行かなくてはいけなかった苦しみは、想像にあまりあります。

そういう体験のない人、若い人には理解しにくいかもしれませんが、「同期の桜」同士、今も集《つど》っては、そのころの思い出話に花を咲かせ、手をつなぎたくなるのも、無理はないのです。戦争で亡くなった友をいつまでも忘れず、思いを馳《は》せる。そのとき、人の心に真の愛が花開くのだと思います。

戦時中に限らず、悔恨《かいこん》や罪悪感にさいなまれて思わず涙するとき、初めて人は本当の愛に気づくのかもしれません。

3．供養のセレモニー

★年忌法要、お盆、お彼岸は「母の日」と同じ

この項では、葬儀と埋葬、納骨が終わったあとに行われる供養のセレモニーについて、霊的視点から説明します。

仏教では、葬儀のあと、初七日、四十九日、一周忌、三回忌……と法要が行われます。これは、生前そういう仏教儀礼を重視していた人にとっては、気になることのようです。死後も自分の法要を数えて、七回忌がすんだ、今度は十三回忌だ、などとその節目を自分の励みにしている霊はたくさんいるのです。

年忌法要や、お盆、お彼岸などの行事のときには、現世にいる人の念が霊界に向きます。その時期が来ると、亡くなった人を思い出すことが多くなるでしょう。そういう意味では、故人への励ましになるし、意味のあることです。

ただし、そういう行事と霊界における故人の浄化とは、あまり関係はありません。年忌法要をしなければ、故人が浮かばれない、ということはないのです。仏教徒以外の

人は、そういう行事をしませんが、だからといって浄化できない、などということはありません。

すべてに共通していえることですが、特定の宗教だけに通用する儀礼は、霊界においては意味をもたないのです。でなければ、特定の宗教を信じている人だけしか浄化できないことになってしまいます。

お盆については、仏教では「祖先の霊が帰ってくる」としていますが、霊はお盆にだけ帰ってくるわけではありません。帰りたいときにいつでも帰ってくるのです。

「お盆には、地獄の釜《かま》の蓋《ふた》もあく」などと言いますが、そんなことはありません。そもそも人を釜で煮るような地獄は、幽界にはありません。前述したように、低いレベルのたましいが集まる「地獄のような」場所があるだけです。

お盆前に、お墓に霊を迎えに行って仏壇に呼び入れるので、お盆にはお墓参りに行かない、という地域もありますが、これも意味のないことです。霊はお墓にはいませんから、仏壇に呼び入れることもできません。

また、お彼岸については、お盆とはまったく意味の違う仏教行事です。その起源には諸説あるようですが、もともとは神道《しんとう》で行う春季皇霊祭《しゅんきこうれいさい》、秋季皇霊祭《しゅうきこうれいさい》がその起源で、仏教を日本で普及させるために、神道行事である春と秋の皇霊祭に合わせて、お彼岸という行事をつくったといわれています。ですから、霊界とは関係のない、現世主体の行事といえるでしょう。

年忌法要やお盆、お彼岸という行事は、たとえば「母の日」のようなものです。

本来なら、母への感謝はいつもしなければいけないもの。けれど、日々の忙しさにまぎれて、なかなか感謝の心を伝えることができません。母の日があると、いつもは言えない「ありがとう」を言うことができます。

けれど、本当に感謝の心があるなら、母の日だけ何かプレゼントをすればいいというものではないはず。年忌法要やお盆、お彼岸も、それと同じなのです。

お盆に迎え火をともし、お供えをして霊を迎えようとする心、お彼岸にお墓参りに行って故人を偲《しの》ぶ心は伝わりますし、故人はそれを喜びます。母の日のプレゼントがうれしいのと同じです。

けれど本当は、特別な行事のあるときだけでなく、いつも心に亡くなった人の面影をとどめ、霊界での浄化を念じることが大切です。それが供養です。

逆にいえば、特別な行事をしなくても、日々の心がけしだいで、供養はできるということなのです。

★仏壇、位牌は、もうひとつのアンテナ

家族に亡くなった人がいる場合、仏教徒なら仏壇を置くでしょう。古くから続く家なら、先祖代々の仏壇を置いてある仏間があるかもしれません。

しかし、お墓に霊がいないのと同じく、仏壇にも霊はいません。

故人のたましいが、いつもそこにいるわけではないのです。仏壇もお墓と同じように、霊界との通信をとるためのアンテナのひとつ。電話のひとつです。

ただし、アンテナとなるのは、仏壇ではなく位牌《いはい》です。位牌という対象物に想念をこめることで、通信しやすくなるのです。

高いお金を払って戒名《かいみょう》を書いてもらった位牌でなくてもかまいません。極端なことをいえば、短冊に生前の名前を書いたものでもいいのです。

つまり、それを見て故人を偲べるものならどんなものでもいい、ということです。

仏壇とは、位牌を入れる入れ物です。どういう仏壇でなくてはいけない、という決まりはいっさいありません。気持ちさえあれば、ミカン箱でもいいということです。仏壇を工芸品ととらえて、芸術的な彫り物がしてあるものや、金銀の装飾が施されたものを選んでもいいでしょう。それは趣味嗜好《しゅみしこう》の分野で、故人の浄化とは無関係です。

また、仏壇は定めにきょうだいの家にあればいいもので、家を出たほかのきょうだいが、

両親の位牌を別につくる必要はありません。つくると、次の代の人が処置に困るかもしれません。

仏壇や位牌がなくても、そのかわりに清浄なスペースに写真などを飾ればそれで十分です。故人に念を送るときに、対象物があるほうが便利、というだけの理由なのですから、正式な仏壇や位牌である必要はないのです。

常に心で故人のことを思えるならば、仏壇も位牌も必要ないといっていいでしょう。自分自身をアンテナにすればいいのです。大切なのは、気持ちを送ること。ものや形式ではありません。

ただ、私たちはみんな未熟ですから、何か対象物がないと、つい忘れてしまうということがあるでしょう。その意味では、仏壇や位牌、あるいは写真などが身近にあると、常に故人とのつながりを感じながら暮らすことができます。

ですから、現実的には、アンテナとしての位牌や写真、面会所としての仏壇やそれに類したスペースはあるほうがいいといえるでしょう。

仏壇が家に二つあるのはよくない、といわれることがありますが、それは迷信です。「嫁の実家の仏壇を入れるなんて」と考える了見の狭い人が言い出したことなのかもしれません。ひとりっ子で、自分以外に仏壇や位牌を見る人がいないなら、嫁ぎ先の家にもっていくしかありません。処分したりすると先祖霊は悲しみます。もとからある仏壇を粗末《そまつ》にして、自分の実家のものだけを大切にするようなら確かに問題ですが、そうではなく、どちらも大切に供養するなら、まったく問題ありません。

ただ、子どもがなくて、自分の代までしか供養できないということであれば、自分の死後、お寺に納めるように手配をしておけばいいでしょう。

先祖霊にも「私の代まではご供養しますが、そのあとはお寺さんにお任せします」と伝えましょう。浄化している霊なら「わかった」と納得してくれるはず。「養子でもとって、供養を続けろ」などと言い出すのは未浄化霊です。

現実にも、家系が絶えるのを心配する人はたくさんいますが、人類みなきょうだい。どこかで誰かとつながっています。名前の継承にこだわる必要はまったくないのです。

時が移れば、どんな組織でも名前が変わったり、消滅したりするのはやむをえないこと。家の名前にこだわって、養子をとるよう強要したりすれば、無用のトラブルが増えるだけです。

家族とは、現世で学ぶために入る学校のようなもの。名前を残すことよりも、家族のなかで何を学ぶかのほうがずっと大切なのです。

話を仏壇に戻します。置く場所や向きにこだわる人もいますが、仏壇や位牌に霊はいないのですから、基本的には自由でいいのです。リビングなど家族が集う場所に置けば、みんなが日常的に故人を偲び、霊界と通信できるので、霊も喜びます。

仏壇を置く向きは、やはり南か東がいいでしょう。お墓と同様の理由で、お参りするとき、エネルギーの強い北と西を尊ぶことになるからです。

仏壇を神棚の下に置く習慣のある地方もあるのですが、なるべく別のところに置くほうがいいです。横に並べるならいいのですが、縦に並べるのはいけません。

神棚は、神様を祀《まつ》るところ。家族の繁栄などを祈願するところです。

神棚と仏壇を縦に置くと、神様にお願いしたつもりが、仏壇に願をかける、つまり霊界にいる故人に頼みごとをする、ということになりやすいのです。

くり返しますが、供養とは、故人のたましいの浄化をひたすらに願うこと。自分たちの現世利益を願うことではありません。その違いを明確にするためにも、神棚と仏壇は、しっかり分けておくほうがいいのです。

★信仰と供養は別のもの

神棚は信仰のためのもの。仏壇は供養のためのもの。だから縦に並べて置いてはいけないと前項で書きました。つまり、信仰と供養は別のものなのです。

ですから、仏壇のなかには、ご本尊《ほんぞん》を置く必要はありません。

ご本尊を置いて、それを拝むのは信仰です。生前、どんな宗教を信仰していても、霊界に行けばみんな平等。何かを信仰していたかではなく、現世でどういう心をもち、どういう生き方をしてきたか。それだけが問われる世界なのです。

仏壇にご本尊を置くのは、「位牌の霊を守ってもらいたい」という思いからですが、故人のたましいは、ご本尊に守られて浄化するわけではありません。ご本尊があるからといって、安らかになるわけではないのです。

ご本尊を置いて守ってもらおうとするのは、「寄らば大樹の陰」という発想でしょう。ヒーローに助けを求める心に似ています。それは一種の依存心です。

もちろん信仰心を否定はしません。心から信じるのであれば、供養とは別のものとして、お厨子《ずし》にご本尊を入れ、毎日お祈りを捧げればいいのです。

信仰心もないのに仏壇にご本尊を置いておくと、未浄化霊がそこに憑依する危険性もあります。像や人形は、未浄化霊の憑依を招きやすいのです。先祖霊以外の、さまよっている霊が入って、お供物などをもらおうとします。

ただ、現実的には、お寺さんとのおつきあいがあり、なかなかご本尊を別にすることは難しいことがあるでしょう。そういう場合は、そのリスクをきちんと認識したうえで、お寺さんに開眼《かいげん》供養をしてもらい、常にご本尊を拝んで、変な未浄化霊をよせつけないように注意することが必要です。

しかし、本来はご本尊はお厨子に入れて拝むべきもの。信仰心がないなら、お寺さんにお返しするという方法もあります。

★お供えしていいもの、悪いもの

仏壇やお墓にお供えをするとき、まず注意するべき点は、故人がそれに依存するほど好きだったものは避ける、ということです。

たとえば、お酒が大好きで肝臓の病気が原因で亡くなった人に、ビールや日本酒をお供えする。タバコが大好きで肺の病気が原因で亡くなった人に、タバコをお供えする。これらは絶対にタブーです。ますます現世への執着を強めてしまうからです。

お葬式のときや亡くなってすぐの時期ならば、故人が欲しがるであろうものをお供えしてもかまいません。最後の食べ納め、飲み納めのようなものです。ただし、依存症的に好きだったものだけは、「これで最後ですよ」と言ってお供えすることが必要です。

ご飯を食べる直前に事故で亡くなった場合や、病院で食べたいものも食べられずに亡くなった場合は、ご飯をお供えしてあげればいいでしょう。お供えと考えずに、自分たちが食べるご飯をそのまま仏壇に置きましょう。いっしょに食べるつもりでいればいいのです。

故人が執着していたものはいけませんが、普通に好物だったものなら大丈夫。甘いケーキが好きだった人にはケーキを、果物が好きだった人には果物を供えてあげてください。それは、この世からのプレゼントです。

一年ぐらいは、それを続けていいでしょう。未浄化なうちは、そういう食べ物の気を吸うことで満足できるのです。

お供えが必要なのは、まだこの世が懐かしい未浄化な人たち。浄化していくと食べ物は必要ありません。神棚に食べ物をお供えしないのは、そのためです。

亡くなって一年がすぎれば、お供えは、水とお花ぐらいで十分です。

ただし、お花はただ飾ればいいというものではありません。一輪の花でも念をこめれば、向こうにはお花畑として伝わります。念をこめなければ、どんなに豪華なお花を飾っても、向こうには何も映りません。

また、前述しましたが、菊などの仏花でなくても、故人の好きだったお花をお供えしてもかまいません。むしろそのほうを喜ぶ霊も多いでしょう。

お供えとは違いますが、仏壇の引き出しに通帳や土地の権利書などを入れるのもタブーです。それが気になって、浄化できなくなってしまう場合があるからです。

物欲、金銭欲の強かった人に対しては、「もうお金もモノも関係ない世界へ行ったのだから、たましいを向上させることを考えましょうね」と念じてあげるべきです。もちろん、口でそう言いながら、実際には相続争いなどをしていてはいけません。

現世に生きている側の心のもち方、生き方に同化して、霊が浄化のレベルをあげていく、ということは、前述したとおりです。生き方そのものが供養なのですから、自分のことを棚に上げて、きれいごとを念じても説得力はありません。

仏壇の前で、愚痴《ぐち》を言ったり、頼みごとをしたりするのも、故人を心配させるだけですから控えましょう。精一杯生きぬいて、今やっと安らいでいる人に対して、心配の種を増やすようなことを言うのは酷なことです。

それより「お疲れさまでした」とねぎらいの言葉をかけてあげてください。

愚痴を言いたいときもあるでしょう。聞いてほしい頼みごともあるでしょう。けれどそれを故人に言ってはいけません。

「私たちのことは、私たちで何とかするから安心してね」と伝えること。そういう生き方を実践《じっせん》すること。

それが故人への愛であり、本当の供養なのです。

★お墓参りは「いい報告」をするために行く

供養全般においていえることが、お墓参りにおいてはもっとも顕著《けんちょ》にあらわれます。

「本当の『供養』とは」の項（一四二ページ）でも書きましたが、私たちがお墓参りをするのは、いったい何のためなのか、という基本を、もう一度よく考えてください。

本来は、故人のたましいのために行くべきです。けれど現実には、生きている者のため、自分たちのためにお参りをしていることが圧倒的に多いように見受けられます。

この点は、私がこの本を著したいと思った、もっとも大きなポイントです。

故人のたましいの安らぎを第一に考えた供養をしてください。

自分たちの幸せや繁栄を、霊界のたましいに頼むのは間違いなのです。

故人のたましいが求めているのは、「安心」です。みんなが元気で、きちんと生きているという姿を見せることで、亡くなった人は安心し、自らの浄化の途につけます。

ですから、家族みんなでお墓参りに行き、和気藹々《あいあい》とおはぎなどを食べている。そういう映像や波長を感じさせるのは、悪いことではありません。

お墓参りとは、「こうしてみんな元気でやっています」という報告のために行くのです。

あくまでも、「故人への奉仕」なのです。

日本では、供養という営みが、故人不在のまま行われることが多すぎます。「生きている人のための供養」になってしまっているのは、残念なことです。

お墓に向かって「我が家を守ってください」と依頼すること。「こういうお墓を建てれば、家運がよくなりますよ」という営業トークに乗せられて、相手の言いなりにお墓を建てること。すべて故人を「利用」して、自分たちが利を得ようとする行為であることに気づいていただきたいのです。

生きている側に、「守ってください」と言われると、ついその気になって、がんばってしまう霊もいます。

生きている人のなかにも、子どもに頼まれれば、なんでも買ってあげたり、してあげたりする過干渉《かかんしょう》な人がいますが、亡くなってもまだ同じことをする人がいるのです。でも、それでは浄化できませんから、未浄化霊となってさまようことになるのです。

そして、未浄化なうちは、霊に人を守る力はありません。

現世においても、親が子どもにできることなど、本当にわずかのこと。過干渉な親が子どもを幸せにしたという例は見たことがありません。それと同じで、亡くなったあとも、基本的には親には何もできないのです。

でも、子どもにすがられれば、「守ってあげたい」と思ってしまう。それは愛のように見えますが、違います。

自分のことは自分でできるように育てるのが本当の愛。

つい手を差し伸べるのは、頼られることで、「必要とされる自分」に酔っているだけなのです。こういう関係を共依存といいます。生きている間だけではなく、死んだあとまでも親子の共依存《きょういぞん》の関係が続いてしまうケースが多いのです。

家族がお墓に向かって何か頼みごとをすること。愚痴を聞かせること。亡くなったら何か特別な力でももつかのように守ってほしいと祈ること。

それらは、故人に心配をさせて浄化を妨げ、未浄化霊としてさまよわせかねない行為です。

こちらにそのつもりはなくても、実は親不孝なことなのだと理解してください。

現世を生きるのは、確かに困難を伴います。みんな、つらい思い、苦しい思いを抱えて生きています。だから、つい誰かに頼りたくなってしまう。何でも望みをかなえてくれるヒーローを求めたくなってしまう。その気持ちはわかります。だから、供養という行為のなかでも、ついその気持ちが出てきてしまうのでしょう。

けれど、頼りたいという気持ち、守ってほしい、すがりたいという思いにはブレーキをかけましょう。誰かに頼ろうとするから、だから幸せが逃げていくのです。自分の人生は自分の力で切り開く。その強い気持ちがもてたとき、初めて明るい未来が見えてきます。

誰かに頼ったり、すがったりせず、反対に、相手の幸福だけを願う。そういう人格にならないと、本当の供養はできない、ということです。

供養と人格は、実に密接に結びついていることを理解してください。

お墓参りのほかの注意点としては、日が暮れてからは行かないほうがいい、ということが挙げられます。

日が暮れると、あの世とこの世の境目がなくなってくるからです。丑三《うしみ》つ時《どき》、つまり午前二時から二時三十分ぐらいの間は、まさに境目がない時間帯。活発に霊が活動する時間帯なので、未浄化霊に憑依されることも起こりえます。お墓参りはもちろん、夜中に墓地で肝試《きもだめ》しをすることなども厳禁です。

これは、神社などでも同じこと。未浄化霊も苦しいので、人間と同じように、神様にすがろうとして神社に行きます。芝居と同じく、神社も時間帯がマチネ（昼の部）とソワレ（夜の部）に分かれていて、マチネは現界の人々の時間、ソワレは未浄化霊の時間、と分かれているようなものなのです。

ですから、夜は神社には行かないほうがいいでしょう。ただし、初詣《はつもうで》やお祭りなど、何かの行事があるときは、日が暮れてからでも大丈夫です。

★お墓の移転とメンテナンス

お墓のある場所が家から遠いので、お参りしにくいような場合、移転を考えることもあるでしょう。それはまったく問題ありません。

基本的に、墓地に霊はいないのです。

「お参りしやすいところへ移しますから、了承してくださいね」と念を送ればいいでしょう。それを怠《おこた》ると、未浄化な霊は怒り出すこともありえますから、他人任せにせず、心をこめて話しかけることが大切です。

とくに古いお墓や、何体も納められているお墓だと、「墓を移すなんてとんでもない」と、こだわる霊がいないとも限りませんので、注意してください。

移転だけでなく、地震などでお墓が傾いたり、カロウトに水が入ったりすることを気にする霊は確かにいます。霊能力者に「すぐに手入れしなさい。でないとたたりますよ」とか、「病気になったのは、お墓を移転したからです」などと言われるケースも出てきます。それを信じて、あわてて大金を払い、供養をお願いする人もいるのですが、私はこれも問題だと思います。

お墓を建て直せば、先祖が喜んで福をもたらしてくれる。お墓を粗末にすれば、先祖が怒って災《わざわ》いをもたらす。そういう考え方自体、間違いです。

それはこちらが何かをしてあげたから、何かお返しをしてもらえる、というギブアンドテークの考え方で、そこに「無償の愛」は存在しません。

災いを恐れるから、あるいは福をもたらしてほしいから、お墓を丁寧《ていねい》に扱うのではないのです。心から先祖霊の浄化、成仏《じょうぶつ》を願う気持ちがあって初めて、お墓参りもメンテナンスも、意味のある愛の行為になるのです。

確かに、お墓のことを気にして霊障をもたらす未浄化霊はいます。でも、だからといって、その霊の言い分をすべて受け入れる必要はないのです。

もちろん、お墓のメンテナンスができる余力がありながら放置していたり、祖霊に何の断りもなく勝手に墓を移転したりした場合、亡くなった人たちもムッとして意地悪をしたくなることがあるかもしれません。それは現世の人間関係と同じです。生きている側が反省しなくてはいけません。

けれど、現世で必死に生きていて、お墓にまで手が回らないようなとき、それを怒って霊障をもたらすような未浄化霊の言うことを聞き入れる必要はありません。

理不尽《りふじん》なことを言う人に従う必要がないのと同じことです。向こうの言い分が間違っているのですから、理を尽くして説得すればいいだけのこと。

「相手が見えないから怖《こわ》い」という人が多いのですが、見えなくても、生きている人と何も違いはありません。

霊は決して怖いものではないのです。霊的真理を理解していれば、未浄化霊の言うことに唯々諾々《いいだくだく》と従う必要などないことがわかります。

「今はこういう事情があって、お墓にまで手が回りません。心からの供養をしますから、怒りを収めてください」と説得し、「いつまでもお墓に執着してはいけませんよ」と説教すればいいのです。

間違っているのが向こうなら、何も恐れることはありません。そういう未浄化霊には、無条件で従わないほうがいいのです。相手のためにもなりません。「墓にこだわるよりも、自分のたましいの向上を考えなくてはいけない」ということにいつまでたっても気づかず、未浄化のまま、さまようことになるでしょう。

何でも霊の言うままにさせようとする霊能力者は、霊的真理を理解していない人です。黙って従う必要はありません。ぜひ霊的真理を理解して、だまされないようにしてください。

墓は、霊界とコンタクトをとるためのアンテナのひとつ。本当の供養の心、無償の愛の心をもって向き合うことが何より大切なのです。

★供養のタブー

ここで「してはいけない供養」をまとめておきます。

くり返しになりますが、基本的に供養とは、故人の執着を断ち、浄化を促すためのもの。逆にいえば、執着を助長し、未練をかきたてる行為が、供養のタブーとなります。判断に迷うときは、その点を基準に考えてください。

①故人の部屋や、使っていたモノを片付けず、そのまま残す

亡くなった人の部屋を片付けずに、そのまま思い出として残しておく。これはタブーです。たましいは、新しい世界へと旅立ったのですから、早めに片付けましょう。

故人は、使っていた部屋やモノに執着があります。いつまでも残っていると、名残《なごり》おしくて、浄化できないのです。「片付けますよ。未練をなくして、浄化してくださいね」と話しかけながら、模様替えをするといいでしょう。

部屋をそのままにしておきたい、という気持ちはわかりますが、その底にあるのは、故人を思う気持ちではなく、自分自身の寂しさを癒したい、という思いではないでしょうか。未練を断ち切れないと、苦しむのは故人です。何よりも故人の幸福を第一に考えてください。

②故人が依存的に好きだったものをお供えする

お酒やタバコなど、生前、故人がやめようと思っていながらやめられなかった嗜好品をお墓や仏壇にお供えすることも、故人の未練をかきたてます。

お墓にお酒を注いだり、火のついたタバコを置いたりすることはタブーです。禁酒、禁煙しようとしている人の前に、お酒やタバコを置くようなもの。ある意味で残酷なことなのです。

亡くなった直後なら、一度だけ、「これで飲み納め」という意味で、お供えするのはいいでしょう。けれど、それ以後はきっぱりとやめましょう。「やっと禁酒できたね」「禁煙できたね」と話しかけてあげれば、それで故人も納得します。

③仏壇に通帳やへそくりを隠す

仏壇に霊はいませんが、通信のためのアンテナですから、仏壇のなかに入れるものは、向こうの世界に映ります。

通帳やへそくりを入れておくと、お金への執着を残すことになりますから、タブーです。もちろん、お金のことで争う姿を見せるのも同じです。

仏壇にお供えするのは、故人を安心させるもの。たとえば、子どもの通信簿や、絵や工作などの作品であれば、「この子は、これだけがんばりましたよ」という報告になるでしょう。故人がそこにいるつもりで話しかければ、霊もとても喜びます。

④霊に対して願いごとをする

人はたましいだけの存在になったからといって、何でもできる魔法使いになったわけではありません。個性は変わらないのです。

何か苦しいことがあったときに、お墓や仏壇に手を合わせて「助けて」と頼んだり、「私たちを守ってね」とすがるのは、故人にとっては、心配の種を増やすことになり、浄化の妨げとなります。

供養とは、現世利益を願う行為ではありません。頼みごと、願いごとをするのは、大きな間違いです。

⑤供養と信仰を混同する

神様、仏様に手を合わせ、何かを願うという行為は、信仰です。信仰と供養は別のもの。その違いをはっきりと理解して、けじめをつけましょう。

ただし、宗教を信仰することがいけないわけではありません。

とくに先祖の供養のための儀式は、その家の宗派にしたがって行ったほうがいいでしょう。慣れ親しんだ宗教儀式によって供養をしてもらうほうが、故人は喜びます。

⑥死を受け入れられず、悲しみから立ち直れない

お墓や仏壇に向かって、「どうして死んでしまったの」と泣くことも、故人の浄化の妨げとなります。

愛する人が泣いていると、心配でたまらず、行くべき世界へ行けません。

愛が本物であれば、強くなれるはずです。自分の悲しさ、寂しさを乗り越え、前を向いて強く生きていくこと。それこそが本当の供養です。

4．亡き人とのコミュニケーション

★思うこと、語ること、書くことで伝わる

供養には、さまざまなセレモニーがありますが、すべてについて、形ではなく、心を重視すべきであることは、今まで述べてきたとおりです。

死んだ人と生きている人の間に境はありません。生きているときと同じように、故人に対して抱く思いは、口に出してください。

供養とは、語りかけることなのです。

「亡くなった人には、もう何も伝えられない」と思うのは間違いです。こちらが伝えたいと思うことは、すべて向こうの世界に届きます。

心で思うだけでも届きますが、言葉にして出すと、もっと強く届きます。思いをただ心のなかだけでつぶやくよりも、発音したほうが音霊《おとたま》がこもるからです。

文章に書くのも、とてもいいことです。お葬式のとき、棺《ひつぎ》に手紙を入れるのもいいでしょう。伝えたいことや謝りたいこと、故人に対してさまざまな思いが心をよぎるでしょう。

それを素直につづればいいのです。

その手紙は、棺とともに焼かれて煙になるから天に届くのではありません。書いているとき、すでにこちらの思いは届いているのです。

棺に入れたあとで届くと勘違いしている人が多いのですが、棺に入れた段階では、霊はもうその手紙を読み終わっています。書いているときの意識が、そのままメッセージになると考えてください。

お葬式のときだけではありません。何か報告したいことができたとき、会いたい気持ちが強いときに、口に出して話しかけたり、手紙をしたためたりしてください。

書いた手紙は、ただの物質ですから、どう処理してもかまいません。

大切なのは、書いているときの「思い」そのものなのです。

こちらからのメッセージは、すべて向こうに届いています。思うこと、口に出して言うこと、書くこと、それだけで届くのです。

私はよく、「亡くなったあの人に伝えてください」と頼まれますが、私を通さなくても伝わっています。

では、向こうの世界からのメッセージはどうでしょうか。

それも必ずわかるように伝わってきます。

★メッセージが来るのはどんなときか

亡くなった人のことがなぜか思い出されてならないときがあるでしょう。そんなときは、向こうもこちらを思ってくれていることが多いものです。

でも、だからといって、「何か伝えたいことがあるのでは」と考えるのは早計です。ただ思い出しているだけ、ということのほうが多いのです。

特別なことを伝えたい場合は、伝わるような特別な演出を必ずしてくれます。

プロローグでも書いた「天国からの手紙」という番組は、私が実際に現地に赴いて収録をしています。すべてが実話です。あの番組を見て、自分の周囲にも同じようなことがある、と思う人が多いのですが、必要以上に考えすぎないでください。

向こうの世界から、はっきりしたメッセージが届くのは、そう頻繁《ひんぱん》にあることではありません。「天国からの手紙」についていえば、応募数は一万通ぐらいあります。そのすべてが本当の心霊現象ではありません。

なかには、思いこみや勘違いも混じっています。よくあるラップ音などの現象が、一～二回あっただけ、という人もいます。

そんな応募の手紙を厳正に審査して三百通ぐらいに絞ります。その三百通について、スタッフが電話で問い合わせをし、直接、相手から事情をうかがい、「これは」と思われる五十件ほどに絞るのです。

この段階で、私が霊視《れいし》して、どうしても必要と思われる五件ほどに絞り、そのお宅へうかがいます。あきらかに心霊現象だと思われる場合でも、より明確な心霊現象があるところにしています。

霊界から本当にどうしても伝えたいことがある、という場合は、誰もが感じないほうがおかしい、というぐらいの強さで、何度も心霊現象が起こります。それは、一万通のなかで五十通ほど。つまり、〇・五パーセントぐらいの割合なのです。

ですから、あまり神経過敏にならないでください。確かに霊界からのメッセージは届きます。けれど、それは何かとても気になることがあって浄化できないときとか、どうしても伝えなくてはいけない強いメッセージがあるときなど、必要のあるときに限られているのです。

そうでなければ、現世で生きている私たちは、つい亡くなった人に頼ってしまうでしょう。何か困ったことがあるたびに、自分に都合のいいメッセージを探したりするようになりかねません。

それでは本来の供養の姿とはかけ離れていきます。

供養とは、あくまで亡くなった人のためのもの。私がメッセージを聴き、伝えるのも、故人の浄化を助けることが目的です。結果的に、それが生きている人の苦しみを癒したり、人生をより輝かせたりするサポートになる場合もあるでしょう。

けれど本来、自分の人生は自分で切り開いていくべきものです。誰もがその力をもっています。

ただ、親しい人の死によって、その力が弱ってしまったとき、霊的真理を学んだり、メッセージを受け取ったりすることで、本来の力を取り戻せるようになります。そこに霊界との交流の意義もあるでしょう。

だからといって「自分のための供養」になっては、本末転倒《ほんまつてんとう》なのです。霊界との交流や心霊現象などに依存して、自分の力で乗り越えるべき課題から逃げるということにならないよう、注意が必要だと思います。

★耳の痛いメッセージもある

天国からのメッセージ、というと、「ありがとう」という感謝の言葉や、愛を伝える言葉が届くと想像する人が多いのですが、実際はそうではありません。生きている側にとって、耳の痛いメッセージも多いのです。

「天国からの手紙」で、難病で亡くなった女の子を取り上げたことがありました。

看病の甲斐なく、若くして亡くなった彼女の死後、何度もその姿を見かけるという証言者があらわれたのです。

私が霊視してみると、確かに彼女はまださまよっていました。

彼女が伝えたかったのは、意外にも「いいかげんにして」という言葉だったのです。

自分の病気と死をめぐって、家族がさまざまな葛藤を抱え、争いが生じるようになった。その争いは自分の死後も続いている。それを強くいさめる言葉です。

彼女の死を深く悲しんでおられたお母さんにとっては、その言葉は大きなショックだったでしょう。

けれど、誰よりも一番に彼女のことを考えなくてはいけなかったとき、本人が蚊帳《かや》の外に置かれていたことは事実なのです。そのことには周囲のみんなが気づいてあげるべきだし、重く受け止めてあげてほしいと、私は思いました。

事実をありのまま受け止めるのは、とてもつらいことです。

けれど、彼女からのメッセージを聞いたことで、今もなおぎくしゃくとしている家族関係が再生のきざしを見せ始めました。家族が以前のように仲良く楽しく暮らすこと、それが本当の供養になるのだということに、みんなが気づいたのです。そのとき、家族の絆《きずな》がふたたび結び直されたようでした。

家族それぞれが、彼女の死と、彼女から伝わってきた真実のメッセージによって、大きな学びを得ることができた。そういう貴重なケースだったと思います。

番組では取り上げませんでしたが、事故で亡くなった娘が、母親を心配してメッセージを送ってきたケースもあります。

それは、「お父さんとは離婚するほうがいい」というものでした。

実は、その家庭の父親は仕事人間で家庭を顧《かえり》みず、しかもほかにも交際している女性がいたのです。母親は、その事実を知らないまま横暴な夫に尽くしていたのですが、娘は知っていました。父の裏切りに腹を立て、そのうち母と弟と三人で暮らそうと思っていたのに、突然の事故死。母のことが心配でたまらず、メッセージを送ってきたのです。

それは、母親だけでなく父親にとってもショックな出来事です。死んだ娘が「離婚するほうが、お母さんは幸せになれる」と言ってきているのです。今の生き方、夫婦の在り方を反省せざるをえません。聞きたくない言葉だったでしょう。

そういうとき、私はあえてメッセージを伝えない場合もあります。生きている側が、自分の責任で乗り越えていかなくてはいけないことだからです。

とりわけ夫婦の問題は、子どもがどうにかできることではありません。妻として、夫として、どういう生き方を選ぶべきか。霊界からのメッセージに頼らず、自分たちで決めなくてはいけないことです。

そんなふうに、故人からのメッセージは、真実であるがゆえに、生きている人々にとっては耳の痛い場合もとても多いのです。

★あなたにだけ届く「天国からの手紙」

故人がメッセージを送ってくるのは、生きている側を心配してのことがほとんどです。だからこそ、耳の痛いメッセージになることも多くなるのでしょう。

事故で恋人を亡くした女性のもとに、死んだ恋人だけでなく、数年前、すでに亡くなった両親からのメッセージが届いたこともあります。それは、たて続けに両親と恋人を亡くした娘が、「自分のせいで、周りの人がみんな不幸になるのではないか」と思うようになったことをいさめる内容でした。

お母さんは「そんなことは絶対にないから、新しい幸せを見つけなさい」と言うのです。恋人も同様のメッセージを送ってきていました。

彼女は半信半疑でしたが、信じざるをえない出来事が起こります。

お母さんが「お前のことより、本当に心配なのは、妹のことよ。自分の幸せに気づかず不平不満ばかり。離婚するなんて言い出してる」と言ったのです。彼女には確かに結婚している妹がいて、離婚したいという相談を受けたばかりでした。「絶対に離婚させてはダメよ」とお母さんは言いました。

そんなことは、ほかの誰も知らないことです。そのメッセージを聞いた彼女は、「お母さん」とつぶやき、涙をこぼしました。初めてたましいの存在を実感し、亡くなった母が、今もまだ自分たち姉妹を心配してくれていることが理解できたのです。

そんなふうに、伝えたい人に直接ではなく、間接的に伝えてくる場合もあります。

そのほうが伝わりやすいから、という理由もありますが、ダイレクトにメッセージが来るよりも衝撃が大きくて、たましいの存在に対して確信がもてるからです。

霊界は、実にうまい脚本と演出を考えてくれるのです。

その脚本家は、たましいの存在を確信させるキーワードを、メッセージのなかに必ず織りこんでくれます。

たとえば亡くなった夫が残された妻に対して、いろいろなメッセージのあとで、「最後のイチゴは君にあげるから」ということを伝えてきたりします。

二人の好物がイチゴのケーキで、二人で競うように食べていたこと、最後の一粒をどちらが食べるかで、かわいいケンカがあったことなどは、二人しか知らない事実です。妻は夫のメッセージが真実であることを信じざるをえません。

そして、亡くなった人は決していなくなったわけではないこと、たましいのふるさとに戻っただけなのだということが、スッと理解できるのです。インパクトがあまりに大きいので、決して忘れることはありません。

亡くなった父が、息子に対して「昔のように、きみと将棋がしたいな」と言ってきたこともあります。無口なお父さんで、将棋が唯一、親子のコミュニケーションの手段だったのです。二人にとって、「将棋」は二人の絆を暗示する特別なものでした。

その一言で、思い出がすべてよみがえるようなキーワード。しかも、メッセージを受け取るその人にしかわからない、そんなキーワードが、メッセージのなかには含まれます。

それは、愛する人にだけ届く「天国からの手紙」なのです。

★絆があればこそ

もうひとつ、「天国からの手紙」で印象的だったケースを記しておきます。

スタッフが応募の手紙を読んでいるとき、ふと「あれ？　同じような話だな」と感じた二通の手紙がありました。確認してみると、差出人二人は姉妹だったのです。別に示し合わせたわけでもなく、それぞれに応募していたのでした。二人とも、霊視の必要を感じていたのでしょう。

二人には、男手ひとつで育ててくれたお父さんがいました。数年前、病気で突然、死亡。その後、父が残した店を妹が継ぎ、姉はその隣でスナックを経営していたのです。二人とも、その父が「今も店にいるように感じる」と言います。お父さんを見たという目撃証言もたくさんあります。

霊視してみると、確かに店の片隅《かたすみ》に、お父さんはいました。「俺は所詮《しょせん》嫌われ者だからなあ」とつぶやいています。

その言葉を伝えると、姉妹は口をそろえて「父ちゃんだ。やっぱりいたんだ」と涙ぐみました。それは、苦労して生きてきたお父さんの口癖だったそうです。

お父さんは、自分が精魂《せいこん》こめてつくりあげた店が気になっているのだろう、と姉妹は思っていましたが、そうではありませんでした。

実はお父さんが亡くなってから、妹さんはとり憑《つ》かれたように、寝る間も惜しんで店の経営に取り組んでいました。お姉さんは、それも心配だったのです。

お姉さんはどちらかというと、家族のなかで母親的な役割だったのですが、妹さんは、反抗期のころ、ワルぶっていたこともあり、それをお父さんが必死になって改心させたこともあったようです。

そんな歴史がある分、父と娘の絆が強かったのでしょう。だから、お父さんの死後、その努力の人生の象徴である店をつぶしてはいけないと思い、無我夢中で切り盛りしていたのです。

妹さんのそんな思いと、まだ働き盛りで突然死を迎えたお父さんの、この世に残した未練が引き合ってしまったのです。

だから、お父さんは行くべきところへ行けず、いつまでも店の片隅にいる。そのことを姉妹に伝えました。お父さんが未練を断つことで、お父さんは初めて旅立てます。妹さんもまた、そのことによって、父の死を乗り越えることができるのです。

姉妹は二人とも、多くを言わずともすべてを理解してくれました。

「父ちゃん、もう行きな。もういいから。店のことも、私のことも、心配しなくていいから」

妹さんは泣きながら、それでもきっぱりとそう言いました。

お父さんは、亡くなる間際、喉《のど》がとても渇《かわ》いていたので、水を一杯飲ませてあげてと私は伝えました。その水の気をおいしそうに飲むと、お父さんのたましいは長いさまよいを終えて、幽界へと向かったのです。

姉妹は、号泣しながら手を合わせて、父の旅立ちをしっかりと見送りました。

これは、旅立つ側、見送る側、とても幸せなケースだったと思います。

なぜなら、「お父さんならそう言うよね」「やっぱりそれが気がかりだったのか」ということが、家族みんなよくわかっているからです。

生きていたときのあの人だったら、きっとこう言う。こういうことを喜ぶし、こういうことは嫌がる。そんな想像力を働かせることができる絆があるからです。

生きている間に、そういう強い絆をつくっておくこと。それが何より大切なことです。その絆があれば、愛のある本当の供養ができます。

向こうからのメッセージも受け取りやすいし、こちらの気持ちも届きやすいのです。

「天国からの手紙」を見て、自分の周囲にも同じような霊現象があるのではないかと心配する人がいますが、故人に伝えたいメッセージがあれば、伝わるような形できちんと届けてくれます。よくわからないものは、ほとんど違うと考えてください。

たとえ本当に霊現象だとしても、生きている間に絆があれば、それが何を伝えるための現象なのかわかるはずです。番組のなかに出てくるメッセージをサンプルにして、考えてみてください。今の自分は、亡くなった人に心配をかけていないかどうか。その点を振り返れば、必ずわかります。

どんなケースにおいても、つらさや寂しさを乗り越えて、執着を断ち、自立することが、結果的に故人の浄化を促します。それこそが、故人にとっての幸せなのです。

5．未浄化霊と憑依の真実

この項では、未浄化霊や憑依、霊障などの実際について書いていきます。

今まで書いてきた、たましいの旅路、死後の世界、供養について、別の視点から光をあてることで、より一層、理解が深まると思います。

★未浄化霊もピンからキリまで

現世での旅を終えたたましいが最初に向かうのは、「幽現界」です。

現世にとても強い執着や未練を残している場合、また、自分が死んだという自覚がもてない場合、この幽現界を抜けて、次なる幽界へ行くことができません。

幽現界にいつまでもとどまっている霊が「未浄化霊」です。

供養とは、亡くなった人が早く幽現界を抜けて、幽界へ行けるようにしてあげること。つまり、現世への執着や未練をなくしてあげること。死んだという自覚をもたせてあげることだと、今までの章で書いてきました。

では、なぜ幽現界を早く抜けたほうがいいか。

それは、幽現界がもっとも「地獄に近い部分」といえるからです。

幽現界には、現世に残したお金やモノや愛憎関係に強烈に執着しているたましいから、ちょっとした執着を残しているだけのたましいまで、千差万別、ピンからキリまで、実にさまざまな霊が混在しています。

現世にも、極悪人からいい人まで、多種多様の人々が存在してはいるのですが、現世においては、いわゆる「闇《やみ》の世界」は表面にはあまり出てきません。一般的な人なら、そういう世界があることを意識せずに生きていくことができるでしょう。

しかし幽現界においては、そうはいきません。闇の世界の住人がすぐ隣にいる、ということもあるのです。

ここを抜けて幽界に行くと、自分のたましいと同じレベルの階層に行けますから、それはそれで楽しいところです。ただし、幽界の下層部はまた地獄のようなところであるのは、前述したとおりですが、それでも幽現界よりはマシです。

ですから、幽現界は、早く抜け出るほうがいいのです。供養によって一日も早い浄化を促す必要があるのは、そのためです。

幽現界は、雑多なレベルのたましいが混在しているところ。ここにいる霊すべてが「未浄化霊」です。

そのなかで、とりわけ執着や未練の強いたましいが、生きている人と波長が合うと憑依することがあります。幽界まで進んだたましいは、もう憑依はしません。

★憑依は偶然には起こらない

「憑依」と聞くと、多くの人は「怖い」と思うでしょう。何かの悪意をもって、悪い霊がとり憑く、というようなイメージがありますが、実際はそうではありません。

多くの場合は、自分と似たような心をもつ人と引き合い、「同化」してしまうだけなのです。まさに、類は友を呼ぶ、です。霊にしてみれば、「とり憑いている」という自覚もありません。

たとえば、「恋愛したい」と思いながら亡くなった人がいるとします。その執着が強すぎて、なかなか幽界へ行けません。ふと現界を見ると、自分と同じように、「恋愛したい」と思って悶々《もんもん》としている人がいる。「あ、自分と同じ」と思った瞬間、スッと同化するのです。それが憑依です。

憑依されたほうは、最初はそれと気がつかないまま、「恋愛したい」という思いがどんどんエスカレートしていきます。そして手当たりしだいに恋愛の真似事のようなことを始めたり、なかには性的な事件を起こしたりしてしまうのです。

事件に限らず、「度を越してひどい」「信じられない」と思われる行動は、未浄化霊が関係していることが多いものです。本人の精神的な不安定さと未浄化霊が引き合って、何乗にもエスカレートした行動になってあらわれるのです。自分ひとりの力ではそこまでできないだろう、と思われるようなことが起きるのは、そのためです。

行動がエスカレートすると、周囲からも指摘されるでしょう。友人に叱《しか》られたり、異性から嫌われたりして初めて、「ああ、自分はバカだった」「恋愛なんて、それほどいいものじゃなかった」などという気づきが訪れます。

現世で生きている本人と、憑依した霊、同時に気づくのです。そのとき、未浄化霊はスッと浄化します。

極端な憑依はそう多くありませんが、軽い憑依なら、私たちは日常的に受けています。たとえば、ちょっとした夫婦ゲンカや同僚とのケンカも、未浄化霊と引き合ったがために起きるケースが多いのです。未浄化霊の側にしてみれば、自分自身がケンカをしている、という感覚です。自分の不満をぶつけているのです。

現世と幽現界は重なり合っているのです。目には見えませんが、現世を生きている人間は、ときとして二人羽織《ににんばおり》のように体を貸して、未浄化霊の気づきを促し、浄化を助けていることもあるのです。

現世で生きている私たちと、亡くなった人とは、互いに影響し合い、切磋琢磨《せっさたくま》しているいえるでしょう。

つまり、死んだあと、たましいは幽現界に行き、そこでまた、生きているときと同じように「気づき」のチャンスを与えられているわけです。ある程度の自覚を得たのち、納得して初めて幽界へと進めます。それが「浄化」なのです。

もちろん、そういう同化（憑依）なしに、スムーズに幽界へ行ける人もいます。執着や未練の少ない人です。そういう人は、浄化が早いのです。

★憑依霊を恐れる必要はない

私たちは日常的に憑依を受けている、というと、また怖い話だと思われるかもしれません。けれど、くり返しますが、憑依は恐ろしいことではありません。

波長の法則で、自分と似たような霊しか憑依しないのです。自分の未熟な点と同化して、未浄化霊が憑依するわけですから、憑依されるのは自分が未熟だから、ということになります。

自分にどんな霊が憑依しやすいかを確認するのはかんたんです。自分の友人を見ればいいのです。友人もまた、自分と同じ波長の人が集まっています。高い波長で引き合っている人もいるし、低い波長で引き合っている人もいるでしょう。

波長のもっとも低い人、もっとも高い人を思い出してください。そのレベルの未浄化霊は憑くかもしれない、ということです。

憑依が怖いのは、目に見えないからです。でも、目に見える友人と同じような霊が憑くと思えば、怖くないでしょう。

憑依によって行動がエスカレートすると、周囲との軋轢《あつれき》が増えて、自分の未熟さに気づきやすくなります。憑依によって、未熟な点がはっきりとあぶり出されるわけです。ですから、憑依とは、降ってわいた「災い」ではありません。

憑依の原因は、ほかならない自分自身にあります。同じような要素が自分になければ、憑依されることはないのです。憑依もまた偶然ではなく、必然です。

また、憑依されたとしても、そのおかげで自分の未熟な点、愚《おろ》かな点に気づけます。

私たちが生まれてくるのはなぜか、思い出してください。第一章で書いたように、現世で再び苦労するなかで、たましいを磨き、向上させるために再生してきたのです。

生きていると、自分の未熟さがあぶり出されます。「こんな自分がいたのか」と改めて知ることの連続です。そこで素直に自分の非を認め、それを改めて成長していくことに、生まれてきた目的はあるのです。

それなのに、頑《かたく》なに自分の非を認めずにいると波長が下がり、憑依を呼びます。するど行動がエスカレートするので、「これでもか」といわんばかりに、未熟さを突きつけられるわけです。もう認めないわけにはいきません。変わらないわけにはいかなくなるのです。

ですから、憑依をいたずらに恐れる必要はありません。

すべては、自分のたましいの成長のためにあること。

そう考えれば、この世に「災い」や「不幸」など存在しないということがわかります。すべては必然であり、たましいを向上させるために起こることです。もし憑依が起きたとしても、それも意味ある貴重な出来事に違いはないのです。あとで詳《くわ》しく述べますが、除霊《じょれい》をすればそれですむ、という問題では決してありません。

★心霊写真の真実

未浄化霊も憑依も、怖いものではありません。怖いと思うのは、テレビなどのマスコミで、おどろおどろしく取り上げられるからです。

執着を手放せずにさまよう未浄化霊も、もとは生きていた人間です。私たちと何も変わらないのです。

確かに、心霊写真に写る霊は怖い顔をしています。けれど、人間はみんな無意識に写真を撮られると怖い顔やヘンな顔で写ることが多いでしょう。それと同じなのです。霊にしてみれば、写るなんて思っていないのに、写ってしまっているだけです。

心霊写真は墓地で撮られることが多いのですが、それは死んだら墓へ行くものだと思っている霊が、行くべき世界へ行けずに墓にいるからです。

霊的世界を信じずに生きていた人ほど、そういうことになります。墓にいるということは、死んだという自覚はあるわけです。けれど頑固な人は、それでもまだ霊的世界が理解できないために、浄化もできないのです。

聞く耳をもたない心には、どんなに守護霊が呼びかけても入っていきません。それは現世で生きている人にも同じことがいえます。

さて、墓地にいる未浄化霊は不安だし、つまらないのでウロウロします。そのとき、たまたま墓地にお花見に来たり、肝試しに来たりした人が写真を撮ると、いっしょに写ってしまう場合があるのです。「仲間に入れて」と言って、肩に手を回したときに、その手だけが写ったり、ピースマークをしているつもりが、その指だけが写ったり。いってみれば、そんな笑い話のようなものなのです。

ですから、あまり深刻に何か「たたり」があるのではないか、などと恐れる必要はありません。どうしても気になるようなら、神社などでお焚上《たきあ》げをしてもらえばいいでしょう。ただ、心霊写真は、誰でも撮れるわけではなく、撮る側の波長が、未浄化霊と引き合って撮れてしまう場合が多い、ということはいえます。あるいは、撮られる側に同じ波長がある場合もあります。その点は、自分自身を振り返り、反省する必要があるでしょう。

自分の腕や足が透けて写った場合は、その部分に気をつけなさい、という忠告であることもあります。こちらを心配するがゆえのメッセージなのです。

霊的現象に「怖い」ものはひとつもありません。

「地縛霊《じばくれい》」とか「浮遊霊《ふゆうれい》」という恐ろしげな言い方もありますが、地縛霊は土地に執着している霊、浮遊霊は現世をウロウロしている霊。どちらも執着を捨てきれない未浄化霊にすぎません。

また、ラップ音にしても、鈴のような細やかなきれいな音がするときは、守護霊が褒《ほ》めてくれている場合もあるのです。夢枕にしても、その直後に誰かが亡くなったなら、知らせてくれたのだと思えばいいのですが、そうでなければ、いちいち詮索する必要はありません。

何かあるなら、わかるように伝えてくれます。わからないことは気にせずに流せばいいのです。

霊的現象を必要以上に恐れたり、気にしたりすることはやめましょう。

★霊障が気づきを促す

憑依とは、生きている側と死んだ側が同じ波長で呼び寄せ合うことによって生じる現象だと書きました。

つまり、「お見合い」が成立して憑依が成り立つのです。

別の言い方をすると、故人を未浄化なままにして、憑依させているのは、生きている側だともいえます。何度も書いてきましたが、故人を心配させるような生き方をすることや、頼みごとをしたりすること、つまり間違った供養をすることが、故人の浄化の足を引っ張るのです。いつまでも現世のことが気がかりで幽界へ行けず、未浄化のまま、さまよわせてしまうのです。

たとえば、現役をリタイアした人に対して、「お疲れさまでした」と口では言いながら、「でもちょっと、この仕事、手伝って」と頼みに行ったり、「困ったことが起きたの。どうしよう」と相談に行ったりすること。それは、「成仏してくださいね」と言いながら、お墓に向かって一族の繁栄を願ったり、「守ってくださいね」とお願いすることと同じです。

リタイアした側は、「これでのんびり旅行に行ける」と喜んでいたのに、そんな頼みごとがひっきりなしに来ると、ついまだ自分の出番のような気がして、旅行は取りやめ、しゃかりきになって相談事の相手をしてしまう、ということもあるでしょう。そうすると、未浄化霊になってしまうのです。

リタイアしたなら、もうのんびりと好きなことをすればいいのに、つい現世の頼みごとを聞いてやろうとしてしまう。その思いは、実は執着であり未練です。自分がまだ相手の役に立てると思うことが、喜びになっているのです。

けれど、実際には役に立てることはありません。

たとえ役に立てたとしても、それをしてしまうと相手のためになりません。自分の問題は自分で解決しないと、いつまでたっても自立できないのです。相手のために、と思ってしていることが、実は相手の自立を損ねることになるのです。

これは現実の親子や夫婦の間にも多く見られる関係です。一方が相手に依存し、依存されたほうは、「私がいなければこの人はダメになる」と思うことがうれしくて、相手から離れない。こういうお互いに依存している関係を共依存《きょういぞん》といいます。

この関係が死者と生者との間にもあるのです。

共依存であることを自覚せず、いつまでも現世にとどまり、生きている人の世話を焼こうとする霊はたくさんいます。けれど現実にも、ある程度の年齢をすぎた子どもに親が過度に干渉することが、いい結果になることはまずありません。

同じように、「なんとかして」と頼まれて、「なんとかしてあげよう」と思い、現世にとどまる霊は、結局、憑依して「霊障」を起こすことになるのです。

「なんだか体調がすぐれないんです」といって相談に来る人を霊視すると、憑依されていることがよくあります。でもそれは、自分で引き寄せているのです。

亡くなった人に依存して、頼みごとをしたり、生き返ってほしいと思ったり、悲しみから立ち直れなかったりすると、故人も心配で、幽現界から抜け出せません。現世と重なっている幽現界で、いつまでもそばにいようとして、結果的に憑依してしまうのです。

憑依されたほうは、肩が重くなったり、元気がなくなったり、いつもとは違う人のようになります。実際、亡くなった人と同じような病気の症状が出るケースもよくあります。

憑依している側は、相手を苦しめるつもりなどまったくないのです。

すべては生きている側の責任です。相互の依存を理解し、それを断ち切ろうと努力すること。そして、相手を引き寄せている自分の波長の低さを自覚して、自分自身を変えることしか、「浄霊」する方法はありません。

ですから、厳密にいえば「霊障」というものはないのです。自分の未熟な点があぶり出されているだけ。それを改めるべき時期が来た、というメッセージなのです。

★浄霊と除霊の違い

霊障と思われる症状、たとえば亡くなった人と同じように体の具合が悪くなって、病院へ行っても原因がわからなかったりする場合、霊的真理を理解していない霊能力者のところへ相談に行くと、「亡くなったお母さんが憑いていますよ」などと言われることがあるようです。「水子の霊がたたっています」などと言われることもあるかもしれません。

すると、「お墓も建てたし、お葬式もしたのに、どうして成仏できていないんですか」「お寺に寄付もしたし、お地蔵様にお参りもしているんですよ」と言いながら、あわてて「ぜひ除霊してください」ということになります。これは、ひどい話です。

たとえば、何かというとお母さんに頼って、嫁ぎ先にまで家事を手伝いに来てもらったりしている娘が、たまたま自分が大切にしている物を洗濯機で洗われたからといって、「もう二度と来ないで」と怒るのと同じようなものです。

自分が頼んで来てもらっているのに、都合が悪くなると追い払おうとする。除霊というのは、そういうことです。

憑依が起きるのは、自分のせいなのです。自分が呼んでいるのです。

亡くなった人に依存していたり、幼児霊の場合なら、形だけの供養をして、愛情を注いでいなかったりすることが原因です。

なのに、都合の悪いことが起きると、憑いている霊のせいにして、追い払おうとする。ずいぶん身勝手な話だと思いませんか。

そもそも、除霊と浄霊《じょうれい》は違います。

除霊とは、憑いている霊をはずすだけ。本人も、憑依霊のほうも何も変化はありません。ですから、一度離れても、また憑依するでしょう。意味はないのです。

高額なお金を取って「除霊をしてあげる」と言うような霊能力者は信用できません。

「浄霊」とは、除霊とは違い、憑いている霊に気づきをもたらし、浄化させることです。

憑依されている本人にとっても、憑依霊にとっても、本当に必要なのは「浄霊」です。

そのためには、憑依されている側が自分の未熟さに気づき、変わることしかありません。

そのとき同時に、憑依霊も気づき、浄化できるのです。

霊能力者は、そのために両者を説得します。何が原因で、こういう事態になっているのかを読み解き、どうするべきかを示すのです。それが本当の霊能力者の役割です。

浄化というのは、理解することです。

自分の未熟さ、自立することや執着をなくすことの大切さ、霊的真理などを、心で納得すること。

つまり、「悟る」ということと同じなのです。

悟るというと、何か超能力でも得るかのような印象を受けますが、違います。理解すること。真に価値ある生き方とは何か、自分がどういう人間かを理解する、ということなのです。

憑依した側にもされた側にも、その理解を促すことを「浄霊」というのです。

★自分でできる浄霊法

自分で憑依に気づいて浄霊する方法があります。

基本的には、常に高い波長で生きていることが、憑依を招かないためにもっとも大切なことなのですが、私たちはみんな未熟です。前向きにがんばれる日もあれば、ネガティブなことばかり考えて、やる気を失ってしまう日もあるでしょう。そんな日が続くと、同じようにネガティブな霊を呼び寄せてしまいます。

そうなると、鏡を見るのがイヤになります。それがひとつのチェックポイントなのです。自分の顔がなんとなくイヤだとか、怖いと思うようになったら要注意です。周囲からも「人相が変わったみたい」と言われることもあります。

ですから、毎日、鏡を見る習慣をつけてください。漫然と見るのではなく、今日の自分の波長はどうか、確認する意味で、しっかりと見つめてほしいのです。

憑依している側も、鏡を見ることでハッと気づく場合があります。

極端な憑依を受けている人を浄霊するときは、私は鏡を見せるようにしています。未浄化霊は、憑いている相手を自分だと勘違いしていますから、鏡を見せると驚くのです。

以前、若い女性に憑いていた霊が鏡を見て、「違う。私のほうがかわいい！」と言ったので、あきれたことがありました。憑かれたほうは、踏んだり蹴ったりです。憑依されて体調は悪いし、行動はエスカレートするし、そのうえ未浄化霊に「私のほうがかわいい」とまで言われるのですから。

ともあれ、そんなふうに鏡を見せることで、霊の側も自分が憑依しているだけ、ということに気づけるので、浄化できるのです。

憑依されると、怠惰《たいだ》になる、という特徴もあります。掃除をするのが億劫《おっくう》になったり、お風呂に入るのがイヤになったりします。ですから、憑依されないようにするためにも、毎日、清潔を心がけ、部屋をきれいにしておくことは必要なのです。

たとえ憑依されたとしても、怖がる必要はありません。

自分の思い、行動、言葉を反省すればいいのです。人を妬《ねた》んだり、恨《うら》んだりしていないか。何かに執着しすぎていないか。

そういうネガティブな心の在り方がエスカレートする前に、自分の未熟さに気づくことです。生きている側が気づけば、憑依している側も同時に気づいて浄化していきます。

そのためにも、霊的真理を学び、理解することは大切です。それだけでも、浄化につながるのです。

私の本を読んで「涙が出ました」という感想をいただくこともありますが、それはその人のなかの何かが浄化できたということ。もしそのとき憑依している霊がいたとしたら、その霊もいっしょに読んで、自分のいたらなさに気づき、行くべき世界へ行けたということです。

つまり今、あなたがこの本を読んでくださっていることも、ひとつの自己浄霊といえるのです。

★因縁を断つために

「我が家は代々短命の家系です」とか、「男性が早死にする血筋です」という話をときどき耳にします。「何かの因縁《いんねん》なんでしょうか」という相談を受けることもあります。

因縁、すなわち、過去に起きた何かの出来事によって、現在にまで良くない影響が及ぼされている、ということは、実際にあります。

たとえば、先祖が残虐《ざんぎゃく》な武士で、ほかの一族を皆殺しにしたとか、多くの女性を非常に苦しめたとか。そういう場合、確かに家族がみんな同じ病気で亡くなったり、男性が若死にしたりする、というケースはあります。先祖の行為を強く恨みに思っている未浄化霊が、長年にわたって霊障を起こしている場合などがそうです。

こう書くと、やはり霊障とか因縁は恐ろしいもの、と思われるかもしれませんが、そうではありません。

先祖と自分とは、たましいは違います。けれど、同じ家系に生まれた、ということは、同じ学校の先輩と後輩である、ということです。

その学校が、たとえば争いを好む校風の学校だとしましょう。自分がその校風を選んで生まれてきた、ということにも、意味があるのです。

短命の家系に生まれた。なぜだろう。そう考えて調べていくうちに、先祖が残虐な争いを好んでいたことがわかった。すると、争うとはなんと無意味なこと、人を苦しめることなのだろう、ということが実感できます。そういう学びをするために、あえてその校風の学校を自分は選んで生まれてきたのだ、ということに気づくことができるのです。

先祖は自分とは関係ないと思うかもしれません。けれど、やはり何らかの関係があるからこそ、同じ家系に生まれたのです。

その家系から自分が何を学ぶべきなのか。因縁という事象から紐解《ひもと》いていくことができるわけです。

まず、因縁に気づくこと。そしてその因縁は自分で選んで生まれてきたものだ、ということを理解することです。今生での自分の学びは何なのか、ということが、そこから見えてきます。

すると、今の自分の生き方も変わってきます。本当にしなくてはいけないことが見えてくるからです。

私自身、父方も母方も複雑な家系です。両親ともに短命でした。やはり因縁のあることなのです。

けれど、そのおかげで今の私があります。短命な両親のもとに生まれることで苦労はしましたが、だからこそスピリチュアルな事象を研究し、それを人の役に立てたいと思って、スピリチュアル・カウンセラーの仕事をしています。

因縁を恐れるべきではない、というのは、私自身の人生から学んだ実感です。

因縁だからといって、あわてて間違った霊能力者を訪ねて、除霊をしてもらう必要などありません。除霊しても意味はないことは前述したとおりです。

何かの因縁によって、現在にも負荷《ふか》がかかっているなら、自分で浄霊する方法がありま
す。たとえば、先祖が子どもに残虐なことをしていたなら、世界中で今も苦しむ子どもた
ちのために、たとえわずかでも寄付をすればいいのです。女性にひどいことをした家系な
ら、女性のためのボランティア団体に貢献してもいいでしょう。
「私がしたことじゃないから関係ない」と思わずに、お詫《わ》びと反省をこめて、今、償《つぐな》いを
することです。

間違った霊能力者に、多額のお金を払って意味のない除霊をしてもらうのと、どちらが
有効だと思いますか。

現実の人間関係にあてはめて考えてみてください。もしあなたが誰かに腹を立てている
とします。仲介者に「許してあげなさい」と説得されることと、相手が「ごめんなさい」
と謝ること、どちらがいいでしょうか。それと同じです。因縁のもとになっている未浄化
霊は、ひどいことをした相手に謝ってほしい、反省してほしいと思っているのです。

先祖がした悪しき行為、そのマイナスのエネルギーを、プラスのエネルギーに転化する
こと。

それは決して難しいことではありません。

たとえば、女性の霊を慰めるために建立された観音像に向かって手を合わせ、「我が家

系が泣かせた女性たちを、どうぞ慰めてあげてください」とお参りしてもいいでしょう。その思いは必ず相手に届きます。やっとわかってもらえたと思い、「それなら許そう」という気になるでしょう。

因縁だからといって、むやみに恐れ、霊能力者にお祓いを頼むのは、もっともかんたんですが、もっとも意味のないこと。お金の無駄遣《むだづか》いです。

霊的現象は決して、意味もわからないまま、誰かに頼んで取り除いてもらえばいい、というものではありません。まるでハウスクリーニングの会社に掃除を頼むような感覚で、霊能力者に除霊を頼むのはおかしいのです。

霊的現象を恐れず、そこから学び、自分自身を変えてください。

この世に起きるすべてのことに偶然はありません。必然です。

その必然に気づき、たましいを豊かに輝かせてください。私たちが生まれてきた意味はそこにあるのです。

エピローグ

★スピリチュアル・カウンセラーとして

私がこうして、いのちと供養《くよう》についての本を記すのは、今までに数多くスピリチュアル・ワールドとのコンタクトをとってきた経験があるからです。

その過程で、今の一般的な供養の在り方が、いかに故人不在で行われているか、生きている側のためだけの供養になっているか、ということを痛感し、このままではいけないと思い続けてきました。

正しい供養をすることで、大切な人を未浄化霊《みじょうかれい》にさせずにすむということ。その事実を、より多くの人に知っていただきたいのです。

私のスピリチュアルな能力がいつから始まり、どういう経過をたどって今に至っているのかについては、『人はなぜ生まれいかに生きるのか』（ハート出版）『スピリチュアル・カウンセラー江原啓之物語』（光文社）など、ほかの拙著《せっちょ》で詳述《しょうじゅつ》していますので、ここでは簡単にふれておきます。

私が初めて霊と出会ったのは、十歳のときです。通学路の交番前にもんぺ姿の親子が立っていました。明らかに戦時中の格好です。

私は性格的に、なんでもすぐに信じるタイプではありません。どちらかといえば疑い深い性質なので、その親子を視《み》たときもすぐには信じられませんでした。目の錯覚《さっかく》ではないか、何かの残像ではないかと思ったのです。

けれど、その後も度々その親子を視たのです。女の子が私のほうへ走ってきて、ぶつかる！　と思った瞬間、スッと通り抜けていったこともありました。いったいどういうことなのか、十歳の私は混乱しました。

そんなある夜、寝ている私の枕もとに、その親子があらわれました。

思い切って「何をしているの？」と話しかけてみると、女の子が言いました。「どこへ行けば安全なの？」と。「家族の行方がわからない」とお母さんも言います。この二人は生きている人ではない。戦時中の人だ。私は叫びました。「もう戦争は終わったんだよ。かわいそうだけど、天国へ行って」。すると二人の姿は薄れ、フッと消えていったのです。

ともかく会話が成立したことに驚きました。かわいい女の子と品のあるお母さんです。

人は亡くなったあとも、その個性は変わらないんだな、と実感しました。

それが、私が初めて霊と話をした体験でした。

怖《こわ》いという感覚はそれほどありませんでした。ただ親子の悲しげなまなざしが印象に残り、申し訳ない気がして、「ごめん」とつぶやいたのを覚えています。

それ以後、何度も心霊現象を経験するようになりました。映画の「シックス・センス」のような状況で、さまよう霊を何度も目撃し、怖い思いももちろんしました。

けれど、恐怖に呑《の》みこまれそうになりながらも、「どうして怖いんだろう」とまた考えたのです。それが私の性質なのでしょう。感情に押し流されそうになりつつも、フッと我に返る瞬間がある。客観的に分析しようとする癖《くせ》があるのです。

冷静に考えれば、すべてが怖い霊ではありません。話しかければ、返事も返ってきます。たとえば生きている人とでも、電車のなかで隣り合えば、何気なく話をすることがあるでしょう。あれと同じ感覚です。

「どうしてそこにいるんですか？」と聞けば、「会社のことが気になってね」などと返事をします。

つまり、耳を貸すようになれば理解できるのです。いたずらに恐れる必要はないこともわかりました。生きている人と同じです。

ぼんやり壁際に立ってる人に「どうかしたの?」と聞けば、「じつはズボンが破れちゃってね、動きがとれないんだ」と答えが返ってくる。「なんだ、だったら針と糸を貸してあげる」ということになるでしょう。でも会話する前に、「気持ち悪い!」「怖い!」と拒否してしまえば、それで終わりです。

ホテルでの霊現象もよく聞きますが、それも同じです。自分が予約した部屋だと思うから、霊を視ると驚きます。でも霊にしてみれば、自分のほうが先に予約した部屋だと思っているのです。ダブルブッキングなわけですから、「今宵は私に譲っていただけますか」と言えば、それですむ話なのです。怖がる必要はありません。

浄化できずにさまよい、霊となって出てくる人も、もとは現世《げんせ》を生きていた普通の人です。小さいときには、誰かが「かわいい、かわいい」と言って育て、大きくなってからは恋愛もして、愛し愛されながら生きてきた人なのです。

見た目は確かに怖く思えることもあるかもしれません。血だらけかもしれないし、髪の毛もふり乱しているかもしれない。でも、それはただ「こんなに痛い思いをした」ということを見せたい、わかってもらいたいだけだったりするのです。

それなのに、現世の人たちは、叫び声をあげて逃げ、化けもの呼ばわりします。冷静に考えれば、それはあまりにも薄情《はくじょう》な扱い方だと思いませんか。

たとえば、大ケガをして救急病院へ担《かつ》ぎこまれたとき、「こんなに血が出たんです」と医者に見せたら、「うわっ」と顔を背けられた。こんな悲しいことはないでしょう。助けてほしくて訴えているだけなのですから。それと同じことが、未浄化霊にはいつも起こっているのです。

すべては、人々が霊的真理を知らないことが原因です。

たましいの存在、死後の世界について、あまりにも無感覚でいる人が多いために、浄化できずにさまよい続けている未浄化霊がたくさんいるのです。

他人事《ひとごと》のように思えるかもしれませんが、実はこれは私たち自身の問題でもあるのです。この世に生まれて、死なない人は誰もいません。霊的真理を理解していないと、自分自身が未浄化霊になって、さまようかもしれないのです。

だからこそ、多くの人にこの本を読んでいただきたい。霊的真理に対して、正しい知識をもち、正しい供養をしていただきたい。そう思うのです。

★新しい「供養」の時代へ

霊的現象は、むやみに恐れる必要のないものです。

それなのに、テレビの心霊番組ではおどろおどろしい効果音とともに紹介され、ホラー映画になり、夏の風物詩のように商品化されています。

冷静に考えてみてください。もしあなたの愛する家族が亡くなって、浄化できずにさまよい出たときに、悲鳴をあげられ、化けもの呼ばわりされたら、どんな気持ちがするでしょう。

幽霊になってでもいいから、出てきてほしい。それが家族の感情です。

身内や血縁でなくても、生きている間に心のふれあいがあれば、誰でもそう思うのではないでしょうか。

霊のことをむやみに怖がるのは、そういう想像力を働かせていない証拠です。

私は十五歳で、父に次いで母も亡くしました。だから、霊を視たときに、ただ怖いだけとは思えなかったのです。

自分のことだと考えると、霊は怖くなくなるのです。

だからこそ、「天国からの手紙」は多くの人に見ていただけるのでしょう。

さまよっている霊はみんな、相談者の愛する人です。だから見ている側も、「怖い」などと思わずに、心から「会えてよかったね」と思えるのです。

英国のミーディアム（霊媒師）であるドリス・ストークスが、『天国の子どもたちから』（ハート出版）という本を出版し、私も監訳という形でかかわりました。亡くなった子どもたちからの、家族へのメッセージを記した本です。彼女もまた、愛する息子を失うという経験をしています。だからこそわかる心情、真理があるのです。

愛するものを失う経験があり、霊的真理を熟知《じゅくち》していれば、過剰《かじょう》な演出は不要です。事実を淡々と伝えれば、それだけで見ている人に理解してもらえるのです。

そして私には、十五年にわたるカウンセリング歴があります。数多くの事例を見て、なぜ浄化できずにさまよっているのか、何をメッセージしたいのか、ということを聞く経験をたくさんしてきました。その体験も私の今の活動におおいに役立っています。研究医ではなく、臨床医が実践《じっせん》に強いのと同じです。

私が視てきたなかには、確かに怖い霊もいました。それは、霊そのものが怖いのではなく、霊のもっている執着《しゅうちゃく》心が怖いのです。現世での愛憎《あいぞう》を捨てきれずにさまよう、その執着心はすさまじい場合があります。

けれど、それは生きている人間でも同じこと。「お金しか信じられない」という人や、復讐《ふくしゅう》心や嫉妬《しっと》心に燃えて誰かを激しく憎み続けている人を見れば、誰でも怖いでしょう。それと同じです。

そして、世の中はそんな人ばかりではないのと同様に、そういう恐ろしい執着心をもっている霊ばかりではないのです。

テレビの心霊番組やホラー映画などで、「霊は怖いもの」と刷りこまれてしまっている人は多いと思います。でも、それは間違いであることに気づいてください。

もちろん、「霊なんていない」と頭から否定している人よりは、怖がる人のほうがまだいいのです。霊という存在を認めているからこそ、恐れるのですから。

「死んだあとは無だ」と思いこんでいる人は、亡くなった人の存在を無視し続けるわけですから、故人にとっては冷たい仕打ちとなります。それもまたその人の学びかもしれませんが、自分が死んだときに、過《あやま》ちに気づいて後悔《こうかい》することでしょう。

いずれにせよ、これからは霊的現象を血しぶきと悲鳴に彩られた恐怖現象としてとらえる時代ではありません。いたずらに霊を怖がったり、死を恐れたり、死後の世界を否定するのは、想像力の貧困さを露呈しているようなものです。

スピリチュアルな現象のなかに潜む、人間の切実な思いを読みとって、理解してください。それができれば、供養の在り方そのもの、人の生き方そのものもまた確実に変わっていくはずです。

★理想のエンディングを迎えるために

霊的真理を理解すると、死が怖いもの、不幸なことではないとわかります。

自分自身が、死後、未浄化霊になってさまよわないために、今、必要なことは何か、ということも自然に理解できるはずです。

人生で大切なことは、経験と感動によって、たましいの学びを深め、成長させること。そのことだけを考えて生きればいいのです。

そうすれば、死という「旅の終わり」を迎えたときにも、静かにそれを受け入れることができるでしょう。

まだまだやりたいことも未練もたくさん残っている、という場合もあると思います。

それでも、寿命とは宿命。変えることはできません。

どんなに中途半端に思えても、そこで終わる、ということは必然なのです。すべては意味のあること。それを満足して受け入れることが必要なのです。

今生《こんじょう》だけで考えれば、悔《く》いも気がかりもあるでしょう。けれど、もっと大きな法則に身を委ねましょう。つらいこと、苦しいことがあったとしても、そのことによって、たましいの学びは必ず深まっています。

現世では、死は悲しみであり、誕生は喜びです。けれど、霊的世界から見れば、現世の旅を終えたたましいは、喜んで迎えられますし、こちらに生まれ出るたましいは、涙ながらに見送られているのです。すべてが逆転した世界なのです。

また、霊的世界から見れば、人生の長短は関係ありません。

それよりも、内容です。どんな生き方をし、どんなふうにたましいを向上させたか。そのことだけが重要なのです。

旅を終えた私たちは、幽現界、幽界と進み、やがて霊界へと戻ります。そこで、常に見守り続けてくれた守護霊の待つたましいの故郷、グループ・ソウルと一体化し、また再生のチャンスを与えられるのです。

そのとき、もう今生での記憶はないでしょう。一から新しい人生が始まります。

それでも、今生の経験と感動は、たましいに刻みこまれています。そのうえに新たな経験と感動、新たな気づきを重ねていく。そうやって、私たちのたましいは少しずつ成長し、輝きを増していくのです。

現世を生きているすべての人は、そうやって再生をくり返してきたたましいの持ち主です。目的があって生まれてきているのです。

生きていればそれだけでも経験と感動が増えていきます。ですから、この現世を生き抜くこと。それだけで十分に価値があることなのです。

たましいの永遠性を理解せず、現世だけを主体に考えると、物質的な現世利益《りやく》ばかりを追求することになるでしょう。

それでは、人生は充実しません。死という旅の終わりも、豊かなものにはなりません。供養も、現世利益を求めるための供養では、まったく意味はないのです。

霊的視点ですべてを見つめ直してください。

たましいの成長と学びに重点を置き、物質的な事柄《ことがら》への執着をなくし、大我《たいが》の愛をもてるよう努めてください。

理想の死を迎えられるかどうか。それは、そのときの私たちのたましいのレベルが決めます。

どれだけ執着のない美しいたましいか。

すべてを受け入れて納得する聡明なたましいか。

豊かな経験と感動を得て成長したたましいか。

それが決め手です。旅の終わりを笑顔で迎えられるよう、今このときを、ひたすらに生きてください。

江原啓之

【付録】もうだまされない！「間違った霊能力者」の見分け方

世間には、「亡くなった人の供養《くよう》をしてあげます」「悩みを解決してあげます」という看板を出している多くの「霊能力者」がいます。私自身も、まだ若くて自分の霊能力をコントロールできずに悩んでいたころ、数多くの霊能力者を訪ねました。けれど、その多くが意味のないことをして、高額のお金を取る霊能力者でした。

この本をよく読んで、霊的真理を理解していただければ、自然にどういう人が間違った霊能力者なのかわかると思いますが、ここでは、さらにわかりやすくするために、間違った霊能力者がよく使う言葉をまとめておきました。こういうことを言われたら要注意です。巧みな言葉にだまされず、霊的真理に基づいた正しい供養をしてください。

1．「あなたに守護霊はいません」

霊的世界をまったく理解していないから、こういう言葉が出てくるのです。守護霊とは、グループ・ソウルの一部です。私たちが生まれ出てきたたましいの故郷そのものなのです。この世に、生みの親がいない、という人はいません。それと同じで、どんな人にも守護霊はいるのです。

ではなぜ「守護霊がいない」と言うのかというと、その人には視えていないから、ただそれだけの理由です。「自分には視えない。だからいない」。そう思いこんでいる傲慢《ごうまん》な人だといえるでしょう。

2．「守護霊をあなたにつけてあげましょう」

1で書いたように、霊的真理を理解すれば、「守護霊をつけてあげる」というのは、「生みの親をつけてあげる」というのと同じで、とてもおかしな表現だとわかるでしょう。

また、高級霊を「つけてあげる」というように、霊をつけたりはずしたり、自在にできると思いこんでいるのも、傲慢です。私たちは所詮《しょせん》人間です。つけることができるとすれば、低級な未浄化霊《みじょうかれい》ぐらいでしょう。

3.「守護霊を供養してあげます」

守護霊は、私たちのたましいが幽界《ゆうかい》を経て霊界《れいかい》にまで進んだときに還《かえ》っていくグループ・ソウルの一部です。つまり、霊的真理を理解している高級霊ですから、供養など必要ありません。

供養とは、執着《しゅうちゃく》をとること。ですから、供養が必要なのは、ウソをついてお金をまきあげようとしている間違った霊能力者のほうなのです。

4.「あなたは来世ゴキブリに生まれ変わります」

霊性の進化を理解していないと、こういう言葉が出てきます。

霊性は、鉱物霊からスタートし、植物、動物と進化して、人霊になります。人霊になれば、ずっと人霊のままで、逆戻りすることはありません。

また、前世がゴキブリということも、ありえません。少なくとも動物です。犬などの霊格の高い動物が進化して人霊になることはあるので、「前世が犬だった」という人はいます。どんな人でも、数限りない再生をくり返していますが、その最初のほうの過去世《かこせ》では動物だったのです。

5.「神が降りてきて、私の口を通して語ります」

神は動きません。降りてきて、人に憑依《ひょうい》することなどありえません。本当に霊能力をもっている人なら、「神の使い」が高級霊として降りてくることはあるでしょう。でも、その場合は自分を神とは言いません。自称「生き神様」にだまされないようにしてください。

6.「あなたの病気を治してあげます」

病気には意味があります。なぜその病気になったのか。この病気から何を学ぶべきなのか。その点を理解して自分自身が変わった結果、治ったのならいいでしょう。けれど、なんの学びもないまま、形だけ拝んでもらっても病気は治りません。治ったとしても、意味はないのです。また別のところが悪くなるなどして、本人が気づくまでくり返すことになるでしょう。

病気のもつ意味を読み解き、どういう生き方を目指すべきかをアドバイスできる人の言葉に耳を貸しましょう。

7．「神様（仏様）にお祈りしてあげましょう」

宗教が霊的世界をつくったわけではありません。霊的世界が最初にあって、そのあとにさまざまな宗教がつくられたのです。キリスト教でいう神、神道《しんとう》でいう天照大神《あまてらすおおみかみ》、仏教でいう大日如来《だいにちにょらい》、イスラム教でいうアラーなどは、すべて同じ最高級自然霊を指していて、それを霊的視点では、グレートスピリットと呼んでいるのです。

事実としてある霊的世界を人々に伝えるために、どういうストーリーをつけて表現するか、それぞれの宗教の開祖が考え出したもの。それが宗教です。

霊能力者が宗教を信じていけないわけではありませんが、仏教でいう地獄やキリスト教でいう天界図など、それぞれの宗教が人に伝えるための方便としてつくりあげた死後の世界と、事実としての霊的世界は違います。本物の霊能力者であれば、その違いがわかるはず。あまりにも宗教儀礼に偏《かたよ》りすぎている人、大仰《おおぎょう》な拝み方をする人は本当の霊能力者とはいえません。

8．「私の言うことをきかないと、罰が当たりますよ」

人を脅《おど》かすのは間違った霊能力者です。この世に不幸はありません。たとえ良くないと思われる出来事が起こったとしても、その意味を考え、そこから学べば、たましいの成長につながるのですから、幸いなのです。

死ぬことも宿命であり、そこから学ぶべきものだということは、本書で詳述《しょうじゅつ》したとおりです。「言うことをきかないと、死にますよ」などと脅し、死を不幸の象徴として語る人を信じないようにしてください。

9．「短命な人は、罰が当たったんです」

短命イコール不幸、長命イコール幸福、という単純な図式でしか考えられない人も、霊的事実を理解していません。命の長さで幸せは決まりません。大切なのは、その人生がどれだけ充実していたか、どれだけ深い学びができたか、なのです。

10．「幸せになりたかったら、〜しなさい」

高級霊は指図をしません。何かをしなさい、と命令することはないのです。「お告げ」があったと言って、何かをさせる霊能力者がいますが、それはウソ。基本的に、霊界は現世を生きている私たちの自主性を尊重しています。無理やり何かをさせる、ということはありません。

もし、本当に指図をする霊がいるとすれば、それは低級な霊。そんな霊を呼び寄せている霊能力者も低級だということです。

11・「モノを買えば、幸せになれます」

モノを売りつける霊能力者は間違っています。物品を買うことで、人が幸せになることはありません。

幸せとは、さまざまな経験と感動を通して、たましいを輝かせること。何かモノを買うことで手に入るものではないことは、冷静に考えればわかるはずです。除霊《じょれい》や浄霊《じょうれい》をするという名目で法外なお金を取る人にも注意してください。

12・「複数の霊が憑《つ》いています。一体ずつ除きましょう」

複数の霊が同時に憑依することは確かにありますが、その霊を一体につきいくらと数えて除霊するなどありえません。浄霊とは、憑いている霊と、憑かれている本人を説得し、未熟な点に気づかせることです。

13・「つつがない人生が送れるようにしてあげます」

人生に何も起こらないことが、イコールいいことだという霊能力者は、霊的真理を理解していません。私たちが生まれてきたのは、さまざまなことを体験することによって、感動し、たましいを成長させるためです。ですから、この世に不幸はありません。そこから学べるのですから、すべては幸いなのです。

不幸があるとすれば、何かが起こったときに、そこから学べず、自分自身を成長させられないこと。ですから、主体は自分なのです。「～してあげる」という言い方をする人は間違っています。

14・「お墓が傾いているので、先祖の霊が怒っています」

「立派なお墓を建てないと成仏《じょうぶつ》できません」「立派なお墓を建てれば運がよくなります」など、お墓を霊へのご褒美のようにとらえて、現世利益《げんせりやく》をちらつかせる人は間違っています。

ただ、お墓に執着している未浄化霊は確かにいます。お墓のメンテナンスが悪いと、霊《れい》障《しょう》を起こすこともあるかもしれません。けれど、なんでも霊の言いなりになるのは、本物の霊能力者とはいえません。お墓にこだわって、人にたたるような霊であれば、説得して改心させればいいのです。それができるのが本当の霊能力者です。

15・「水子《みずこ》の霊がたたっています」

中絶や流産で亡くなった子どもを水子と呼ぶのは、私は好きではありません。いうならば、幼くして亡くなった霊、幼児霊です。

そして、幼児霊はたたりません。もしたたるとすれば、よほど愛のない冷たい仕打ちをされたからです。その場合は、もう一度、心のなかで育て直すつもりで愛を注ぐことが大切です。子どもが求めているのは、親の愛、ただそれだけなのです。水子の供養と称して、人の罪悪感につけこみ、高額な供養料をとる霊能力者には要注意です。

16・「亡くなった人の体がバラバラになっています」

事故死で遺体の損傷《そんしょう》が激しかった場合、あるいは、遺族が分骨をした場合、こんなふうに言って遺族を脅し、供養をすすめる霊能力者は間違っています。人は死後、肉体を脱ぎ捨てて幽体《ゆうたい》と霊体《れいたい》だけになりますが、たとえ肉体や遺骨がどんな状態にあっても、幽体がバラバラになることなどありません。

17・「認知症を患《わずら》って亡くなった人が、今も徘徊《はいかい》しています」

認知症は、脳の機能障害です。ほかの病気と同じく、死後もその病気で苦しむということはありえません。亡くなったあとには苦しみはなくなり、もとの体に戻ります。

18.「すべては因縁《いんねん》のせいです」

過去に何か残虐《ざんぎゃく》なことをした先祖などがいる場合、そのために苦しんだ人たちが未浄化霊となって関係者に霊障を起こす場合はあります。けれど、どんな因縁があろうと、霊障を引き起こすのは本人が同じ波長を出しているからです。波長の法則で、霊を引き寄せているのです。

それを理解して、本人が成長すること。そして因縁のもととなる霊を慰めるために、償《つぐな》いの行動をとることです。たとえばボランティア団体に寄付をするなど、できる範囲でいいのです。霊能力者を頼り、除霊してもらったとしても、一時しのぎにすぎません。

19.「心霊写真をもっているから、たたりがあるのです」

心霊写真が影響を与える場合もないことはありません。けれど、それも波長の法則で、写真をもっている側にそれを引き寄せる何かがあるからです。その点を改めればいいだけです。もし気になるようなら、神社のお焚上《たきあ》げに出せばいいでしょう。わざわざ霊能力者にお祓《はら》いをしてもらう必要はありません。

20・「私に任せなさい。除霊してあげましょう」

除霊とは、憑依霊を一時的にはずすだけ。あくまで一時しのぎです。憑依されている本人が自分の未熟な点を自覚し、成長することで、初めて単なる除霊ではなく、浄霊ができます。そのとき同時に、未浄化霊も浄化できるのです。

あくまで主体は本人なので、「私に任せなさい」と言う霊能力者は信用できません。

憑依を単に「災い」ととらえ、憑依霊をただの「厄介もの」と考えて「除霊してあげる」という人も、霊的真理を理解しているとはいえません。

21・「神様にお願いして、現世利益をかなえてあげましょう」

たとえば、「志望校に合格するように祈ってあげましょう」と言う人には要注意。冷静に考えれば、ひとりが合格するということは、ほかの人が不合格になるということ。勉強もしていない子が、祈願のおかげで合格するようなことになっては、おかしいでしょう。

そういう現世利益をかなえてあげるという人は間違っています。

祈願できるとすれば、「この子が努力して得た学力を百パーセント発揮できますように」ということです。

現世だけのことを考えて、現世利益を口にする人は間違っています。霊的世界を中心に考え、たましいの成長に必要なことをアドバイスできる人が本物です。

22．「ともかく供養、供養が必要です。私が供養をしてあげましょう」

本当の供養とは、執着を断つこと。この世で生きている私たちが、心配をかけない生き方をすることです。拝み倒すことが供養ではありません。供養、供養と騒ぐ人を信用しないでください。

霊能力がない人ならまだいいのですが、生半可に力がある人が、依頼者に低級霊をわざと憑けたりする悪質なケースもあります。自分で憑依させておいて、今度は「除霊してあげる」と言い、お金を取るのです。そういう霊術師のようなことをする人も実際にいます。

身を守るためには、むやみに「霊能力者」という看板を出している人に頼みに行かないことです。

江原啓之（えはら・ひろゆき）
1964年東京生まれ。スピリチュアル・カウンセラー。1989年にスピリチュアリズム研究所を設立。英国で学んだスピリチュアリズムを取り入れ、カウンセリングを開始（現在休止中）。現在は雑誌、テレビをはじめ各方面で活躍中。また、音楽の分野でも才能を発揮し、シングルＣＤ『小さな奇跡』などをリリースしている。主な著書に『幸運を引きよせるスピリチュアル・ブック』『人はなぜ生まれいかに生きるのか』『江原啓之のスピリチュアル子育て』『愛のスピリチュアル・バイブル』『スピリチュアルメッセージ』『スピリチュアル幸運百科』『子どもが危ない！　スピリチュアル・カウンセラーからの警鐘』『いのちが危ない！　スピリチュアル・カウンセラーからの提言』、ＤＶＤ『江原啓之のスピリチュアルバイブル』シリーズなどがある。
江原啓之ホームページ
http://www.ehara-hiroyuki.com/
江原啓之携帯サイト
http://ehara.tv/
※現在、個人カウンセリングおよびお手紙やお電話でのご相談はお受けしておりません。

本書は書き下ろし作品です。

スピリチュアル・エンディング・ノート

Spiritual Ending Note

氏名

記入開始日　　年　　月　　日

〜

記入完了日　　年　　月　　日

【このノートの使い方】

人生は旅です。旅は、いつか終わります。

死——。それは決して怖いことでも、不幸なことでもありません。

死後の私たちのたましいの旅路については、本書で詳述したとおりです。

たましいの浄化のために何よりもたいせつなのは、現世に執着を持たないこと。心配や気がかりを残さないことです。

このノートは、旅の終わりに備えて、自分のさまざまな希望を書き残しておくためのものです。

死んだあとでは、「こうしてほしかったのに」と思っても叶いません。

その無念の思いが浄化の妨げにならないよう、きちんと整理して書き残しておくことは、とても大切なこと。残された家族も困らずにすむでしょう。

また、今の段階で、旅の途中報告として、これまでの自分の人生を振り返ったり、現在の人間関係（旅の仲間）や、資産状況（旅の持ち物）などを見つめ直すことも大切です。

自分の人生をあらためて確認することで、本当に大切なものは何か、これから何をするべきかがはっきりと見えてくるでしょう。

死を意識することは、決して「縁起でもない」ことではありません。

生を充実させる行為なのです。

あせらず、ゆっくりと、書けるところから書いていきましょう。

書き終えたときには、新たな気持ちで、再び旅の一歩を踏み出すことができるはずです。

1

旅の記録

自分史を振り返る

あなたのこれまでの人生を振り返り、それぞれの時代において、経験したこと、感動したこと、たましいの学びになったことを書いておきましょう。

感動とは、うれしいことだけを指すのではありません。喜怒哀楽のすべてが感動です。経験と感動によって、私たちのたましいは学び、成長するのです。

この項目は、残された人にとっても、あなたが自分の人生をどう思っていたかがわかる貴重な記録となるはずです。

【誕生】

★誕生日　　　年　　月　　日

★血液型　　　型

★出生地

★産院

★両親の氏名

・父

・母

★その他の家族の氏名

★誕生に際して、両親または周囲の人から聞いたエピソード

【幼年期】（0歳〜5歳）

★小学校に入学するまでの自分の様子（性格や生活など）

★忘れられない出来事（記憶に残る経験・感動）

★学んだこと

【少年期】（6歳〜15歳）

★小学生のころの自分の様子

★忘れられない出来事

★学んだこと

★中学生のころの自分の様子

★忘れられない出来事

★学んだこと

【青年期Ⅰ】（16歳～18歳）
★高校生のころの自分の様子

★忘れられない出来事

★学んだこと

【青年期Ⅱ】（19歳～24歳）
★そのころの自分の様子

★忘れられない出来事

★学んだこと

★最初に就いた職業は

★社会人になったばかりの自分の様子

★忘れられない出来事

★学んだこと

【壮年期Ⅰ】（25歳～34歳）

★そのころの自分の様子

★忘れられない出来事

★学んだこと

【壮年期Ⅱ】（35歳～44歳）

★そのころの自分の様子

★忘れられない出来事

★学んだこと

【熟年期Ⅰ】（45歳～54歳）
★そのころの自分の様子

★忘れられない出来事

★学んだこと

【熟年期Ⅱ】（55歳～64歳）
★そのころの自分の様子

★忘れられない出来事

★学んだこと

【高年期Ⅰ】（65歳～74歳）

★そのころの自分の様子

★忘れられない出来事

★学んだこと

【高年期Ⅱ】（75歳～　）

★そのころの自分の様子

★忘れられない出来事

★学んだこと

2
旅の仲間

家族、親戚、友人のリスト

私たちは、さまざまな人に囲まれて旅を続けています。みんな、ともに旅を続ける仲間です。その名前と住所、間柄（どういう関係か）のリストをつくっておきましょう。

一人ひとりの顔を思い出しながら書くことで、仲間への思いが確認できます。また、何かのときにはすぐに連絡がとれるので便利です。

ペットについては、誰に託したいかも書いておきましょう。

先に旅立った故人の記録も残しておくと、残された人が供養を引き継ぐときに役立つでしょう。

【家族】

・名前

①

②

③

④

・生年月日

①

②

③

④

・続柄

①

②

③

④

・現住所

①

②

③

④

・電話番号／携帯電話番号

①

②

③

④

・メールアドレス

①

②

③

④

・勤務先／学校

①

②

③

④

・思い出

・備考

【ペット】

・名前

・生年月日

・動物の種類／性別

・特徴

・思い出

・動物病院の連絡先

・誰に託したいか

・エサの種類、回数など

・備考

【親族】
・名前

①
②
③

・続柄

①
②
③

・住所

①
②
③

・電話番号

①
②
③

【友人・知人】

・名前

①

②

③

④

⑤

⑥

・間柄

①

②

③

④

⑤

⑥

・住所

①

②

③

④

⑤

⑥

・電話番号／携帯電話番号

①

②

③

④

⑤

⑥

・備考

【故人】

・名前

①

②

③

④

・命日

①

②

③

④

・享年

①

②

③

④

・間柄

①

②

③

④

・次の法要の回数／実施予定日

①

②

③

④

・備考

3 旅の持ちもの

資産状況

旅を長く続けていると、持ちものも増えていきます。旅が終わるときは、すべてをこの世に残していかなくてはいけません。持っていけるのは、1で書いた経験と感動だけです。

残された人が困らないように、今、持っているものを記録し、誰に譲りたいかも書いておきましょう。

ただし、ここに書いても法的な効力はありません。法的効力のある正式な遺言書を書いてある場合は、その保管場所を記しておいてください。

また、預貯金口座が凍結されたとき、トラブルにならないように、口座引き落としのリストもつくっておきましょう。

【預貯金】

・金融機関名

・支店名

・預貯金の種類

・口座番号

・名義人

・金額

・備考

【口座引き落としリスト】

・引き落とし内容

・引き落とし日

・金額

・連絡先

・金融機関名／支店名

・口座番号

・備考

【不動産】

・種類（土地あるいは建物）

・所在地

・面積

・名義人

・委託している不動産会社

・連絡先

・備考

【生命保険・傷害保険】

・保険会社名

・保険名

・保険の種類

・証券番号

・契約者

・被保険者

・加入日

・満期日

・保険料

・支払う期限

・満期金額

・満期保険金受取人

・死亡時保険金額

・死亡時保険金受取人

・特約（入院保障など）

・連絡先

【火災保険・自動車保険・その他の保険】

・保険会社名

・保険名

・保険の種類

・証券番号

・契約者

・保険金受取人

・保険料

・保険期間

・補償内容

・連絡先

【公的年金】

・受給者名

・年金の種類

・基礎年金番号

・支給開始日

・支給金額（月額）

・受取り金融機関名

・口座番号

・連絡先（最寄りの社会保険事務所）

・備考

【有価証券】

・銘柄

・株数

・名義人

・預り証番号

・取得金額

・証券会社

・連絡先

・備考

【貴金属・車・宝飾品・着物など（形見分けしたい品）】

・品目

・保管場所

・入手時の金額

・譲りたい相手

【カード】

・カード会社

・連絡先

・カード番号

・決済金融機関名

・口座番号

・引き落とし日

・備考

【ローン・借入金】

・借入先

・連絡先

・金額

・決済金融機関名

・口座番号

・完済予定日

・備考

【貸金庫など、その他の資産】

【遺言書】

□作成していない

□作成している

※保管場所

・備考

4

旅の終わり

フィナーレへの準備

旅が終わりに近づくと、それまでに経験したことのないさまざまな出来事が起こります。そのときのために、自分の希望をはっきりとさせておきましょう。

できる限り自分らしく、できる限り快適に、旅の終わりを過ごせるように。

ここに書いたことは、そのとき必ずあなたの役に立つはずです。

【医療について】

★命にかかわる病気になった場合、病名や余命について、告知してほしいですか。

□病名も余命も正確に伝えてほしい。

□病名も余命もいっさい知りたくない。

□病名だけは知りたいが、余命は知りたくない。

※上を選んだ理由

★延命措置を希望しますか。

□できる限りの延命措置をしてほしい。

□延命措置はすべて拒否し、痛みの緩和ケアだけにしてほしい。

□できるだけ延命措置はしてほしくない。

※どの程度の措置を望むか具体的に

※上を選んだ理由

★臨終を迎える場所はどこがいいですか。
□自宅
□病院
□その他
　※具体的な候補地、あるいは理想の場所のイメージ

★最後に一緒にいてほしい人は誰ですか。

★最後に食べたいものは何ですか。

★最後に見たい景色はどんな景色ですか。

【葬儀について】

★葬儀の規模はどれぐらいがいいですか。

□できるだけ盛大に、派手にしてほしい。

□派手ではなくても、寂しくない程度にしてほしい。

□家族だけの密葬にしてほしい。

□葬儀はしてほしくない。

※上を選んだ理由

※およその予算金額（　　　　　　　　　　　円ぐらい）

★喪主を決めていますか。

□一般的な慣習どおりにしたい。

□特別に依頼したい人がいる。

※具体的に

★葬儀の世話役（葬儀委員長）を決めていますか。

□依頼したい人がいる。

※名前と連絡先

□誰でもかまわないので、家族にまかせる。

★戒名についての希望はありますか。

□戒名はいらない。俗名のままで供養してほしい。

□戒名を授けてほしい。

□すでに戒名を授けられている。

※具体的に

□家族にまかせる。

・備考

★葬儀業者を決めていますか。
□依頼したい業者がある。
　※名前と連絡先

____

____

____

　※生前予約を　□している　□していない
□家族にまかせる。

★香典についての希望はありますか。
□一般的な慣習どおりにしたい。
□香典はいっさいお断りしたい。
　※その理由

____

____

____

□家族にまかせる。

★香典返しについての希望はありますか。
□一般的な慣習どおりにしたい。
□礼状だけを送り、香典返しはしない。
□一部または全部を特定の団体に寄付したい。
　※具体的な団体名とその理由

____

____

____

□家族にまかせる。

★葬儀で流す音楽の希望はありますか。

□流してほしい音楽がある。

※具体的に

□流してほしい音楽のイメージがある。

※具体的に

□音楽は流さないほうがいい。

□家族にまかせる。

★供花の希望はありますか。

□供えてほしい花がある。

※具体的に

□供えてほしい花のイメージや色がある。

※具体的に

□ごく一般的な花でかまわない。

□供花はしなくていい。

□家族にまかせる。

★装飾や展示の希望はありますか。

□祭壇に飾ってほしいものがある。

※具体的に

□室内に飾ってほしいものがある。

※具体的に

□装飾や展示はしてほしくない。

□家族にまかせる。

★遺影の希望はありますか。

□遺影にしてほしい写真がある。

※写真の保管場所

□遺影は飾らないでほしい。

□家族にまかせる。

・備考

★次の項目中、とくに希望するものがあれば、具体的に書いてください。希望がない場合は、一般的な慣習どおりか、家族に一任ということになります。

〔料理〕出してほしいメニューがある。

〔装束〕着せてほしい衣服がある。

〔副葬品〕棺に入れてほしいものがある。

〔会葬礼状〕文案を考えている。（保管場所）

〔返礼品・会葬御礼〕何にするか考えている。

〔献体〕登録しているので、手続きをしてほしい。（関係団体の連絡先）

★その他、とくに強く希望することがあれば、具体的に書いてください。（例「地味なのは嫌いなので、参列者には明るい服装で来てほしい」など）

★とくにしてほしくないことがあれば、具体的に書いてください。（例「死に顔は参列者に見せたくない」など）

・備考

【埋葬について】

★お墓についての希望はありますか。

□先祖代々のお墓に入りたい。

□新しくお墓を建ててほしい。

※墓地の具体的な候補地、墓石などの希望

□永代供養墓や納骨堂に入りたい。

□散骨（自然葬）したい。

□一部は墓に、一部は散骨したい。

※散骨の具体的な候補地と理由

★分骨についての希望はありますか。

□分骨してもかまわない。

※具体的な場所の指定

□分骨はしてほしくない。

・備考

【供養について】

★年忌法要についての希望はありますか。

□しなくてもかまわない。

□七回忌ぐらいまででかまわない。

□三十三回忌ぐらいまではしてほしい。

□その他の希望がある。

※具体的に

□家族にまかせる。

★周囲の人にどんなふうに思ってほしいですか。

（例「明るく思い出してほしい」「忘れてもらってもかまわない」など）

★その他、供養に関する希望はありますか。

（例「遺影はリビングに飾ってほしい」「お供えは甘いものがいい」など）

・備考

5
伝えたい思い
フィナーレへの準備

旅を終えたあと、残された人にしてほしいこと、伝えたい思いをここに記しておきましょう。「わかってくれているはず」と思っていても、言葉にすることで、より明確に伝わります。

残された人が寂しさから立ち直るためにも、この項目はとても大切な役目を果たすでしょう。あなたからの、ラストメッセージです。

【メッセージ】

★家族一人ひとりへのメッセージ

□パートナーへ

□子どもたちへ

★親族へのメッセージ

★友人へのメッセージ

これからの旅の予定

★これからやってみたいことをリストアップし、優先順位をつけてみましょう。

・やってみたいこと

・順位

★これから大切にしたいことをリストアップし、優先順位をつけてみましょう。

・やってみたいこと

・順位

【注意点】

★資産を記入する欄や、プライベートな個人情報を記入する欄もありますので、盗難などの被害に遭わないよう、このノートの管理には十分に注意してください。

★ここに書いたことが、そのとおりに実行されない場合もあります。それを不満には思わない、という覚悟がないと、逆にこのノートの存在が浄化の妨げになりかねません。希望を書き記しておくことは大切ですが、希望が叶わない場合もあるということへの覚悟と、細かい部分は残された人に委ねてもかまわない、という大らかな気持ちをもっておいてください。

★スペースが足りない場合は、別紙をつけるか別にノートを用意する、この項目を参考にしてパソコン上にファイルを残す等、各自工夫してください。

Spiritual Ending Note

天国《てんごく》への手紙《てがみ》

2007年３月20日　　第１刷発行

著者――江原啓之《えはらひろゆき》
発行者――加藤　潤
発行所――株式会社集英社
〒101-8050　東京都千代田区一ツ橋2-5-10
電話　03-3230-6100（編集部）
03-3230-6393（販売部）
03-3230-6080（読者係）

印刷所――凸版印刷株式会社
製本所――凸版印刷株式会社

ISBN978-4-08-775374-5 C0095